코리아
사도행전

코리아 사도행전

초판 1쇄 발행 2024년 3월 31일

지은이 오두범
펴낸이 장길수
펴낸곳 지식과감성#
출판등록 제2012-000081호

교정 김지원
디자인 정은혜, 서혜인
편집 서혜인
검수 이주희, 이현
마케팅 김윤길, 정은혜

주소 서울시 금천구 벚꽃로298 대륭포스트타워6차 1212호
전화 070-4651-3730~4
팩스 070-4325-7006
이메일 ksbookup@naver.com
홈페이지 www.knsbookup.com

ISBN 979-11-392-1714-8(03230)
값 17,000원

- 이 책의 판권은 지은이에게 있습니다.
- 이 책 내용의 전부 또는 일부를 재사용하려면 반드시 지은이의 서면 동의를 받아야 합니다.
- 잘못된 책은 구입하신 곳에서 바꾸어 드립니다.

지식과감성#
홈페이지 바로가기

한 평신도 지식인이 설렘과 감동으로
쓴 개화기 조선 선교사들의 이야기

코리아 사도행전

오두범 지음

책머리에

고려 공민왕 때 원나라로 사신 갔던 문익점(文益漸, 1329-1398)이 돌아올 때 목화씨 몇 알을 얻어 옴으로써 우리나라에 무명 옷감의 시대가 열렸다고 한다. 그 이전의 우리 민족 의생활의 소재는 주로 베 옷감이나 명주 옷감이었다. 붓 깍지에 넣어도 들어갈 만큼 작고 보잘것없는 면화의 씨앗은 다행히 우리나라에 들어와서 잘 발아되었다. 목화에서 뽑은 무명옷은 베옷보다 따뜻했고 명주옷보다 질겼다.

이후 무명옷은 600년 넘는 세월 우리 민족의 몸을 감싸 주어 민족의 이름이 '백의민족'이 되었다. 문익점의 목화씨가 수백 년 '백의문명'의 원류가 되었던 것이다.

구한말 우리나라에 기독교(개신교) 복음의 씨앗은 누가 들여와서 뿌려 주었을까? 한국에 처음으로 들어와서 본격적으로 개신교 선교 활동을 시작한 사람은 언더우드와 아펜젤러, 그리고 스크랜턴 모자(母子) 선교사 등이다.

이분들은 이 나라에 들어와 선교 사역을 시작하였을 뿐 아니라 학교와 병원을 세워 이 나라에 교육과 의료 등 서구 문명의 기초가 있게 하였다. 이분들 이후 그동안 한국을 다녀간 개신교 선교사는 3,000여 명이나 된다.

기독교인뿐만 아니라 일반 교양인의 입장에서도 이분들의 이름을 결코 잊어서는 안 될 것이다. 우리나라가 종교, 정치, 교육, 의료, 문화, 여성 등의 여러 면에서 지금의 모습을 갖추게 되기까지 다방면에 끼친 공로가 크기 때문이다.

　예수님이 십자가에 달려 돌아가신 지 3일 만에 부활하여 40일 동안 지상에서 머물다가 마침내 승천하실 때 유언처럼 제자들에게 남긴 말이 '선교'에 관한 것이다. 이르시되, "오직 성령이 너희에게 임하시면 너희가 권능을 받고 예루살렘과 온 유대와 사마리아와 땅 끝까지 이르러 내 증인이 되리라 하시니라."(행 1:8)

　이 말씀을 받아 열두 제자와 바울 사도가 그리스도의 복음을 사마리아와 땅끝까지 전파하기 위하여 각자의 생애를 다 바쳤다. 이 선교 사역을 기록한 것이 신약성서의 『사도행전(Apostles' Acts)』이다.

　지금부터 약 150년 전 미국의 선교사들이 그리스도의 복음을 들고 우리나라에 들어왔다. 베드로와 바울의 사도행전과 약 1,800여 년이라는 시간의 이격을 두고 미국발 사도들이 조선에 와서 복음의 씨앗을 뿌린 것이다. 이것이 성경에까지는 오르지 않은 『코리아 사도행전』이다.

　'코리아 사도행전'이라는 주제 의식을 가지고 이것저것 관련 자료들을 뒤적거리면서 읽어 보니 과연 코리아(조선 그리고 대한제국)에서의 선교 사역의 순간순간이 한결같이 설렘이 아닌 것들이 없었다. 선교사 자신들의 행적이 설렘의 연속이었고 선교를 받아들이는 조선 백성의 경험에도 많은 설렘이 동반되었다. 지금 그때를 돌이켜 보는 우리에게도 그 역사는 설렘의 역사이다.

　그냥 읽고 기억에서 지워 버리기에는 그 설렘의 기억들이 너무 아깝다. Publish or Perish? 써 보아야 공보다 과가 더 많을 수 있겠지만 그래도 슬슬 망각의 피안으로 흘려보내는 것보다는 나을 것 같아서 이렇게 적어 나간다. 혹시라도 자라나는 청소년들이 내 글을 읽고 선교사들의 선한 영향력을 깨닫고 감사하는 마음을 갖게 된다면 한없이 기쁘겠다.

2024년 3월
오두범

차례

책머리에 … 4

1. 언더우드 선교사 편

1장 조선을 온몸으로 사랑하게 되다

태어날 때부터 선교사? **16**
미지의 나라 조선이 너를 부른다 **18**
"지긋지긋하게 좁은 길과 온갖 소음으로 가득한 나라"에 도착하다 **19**
불꽃 같은 선교의 열정 하나로 출발 **20**
조선의 영토 내에서 조선인에게 베풀어진 최초의 세례 **22**
조선의 영토 내에서 조선인에게 베풀어진 두 번째 세례 **24**
조선 선교의 마중물
 — 서상륜 토착 교인 **24**

2장 조선 복음화의 정지 작업들

새문안교회를 창립하다 **27**
'파란 눈(碧眼) 코쟁이'의 지방 순회 선교(1차) **28**
도중하차하게 된 2차 순회 선교(1888년 봄) **30**
경신학교(儆新學校)를 세우다 **30**
경신학교 초대 교장 **32**
문서 선교의 초석을 놓다 **33**
한국 YMCA 운동을 시발하다 **35**

3장 조선의 땅끝까지 복음을 전도

생애의 반려자 릴리어스와 결혼하다 **37**
신혼여행을 겸한 북한 오지 선교 **38**
독립문에서 출발 무악재 넘어 임진나루 주막에서 일박 **39**
코쟁이 선교사의 송도 사역 **40**
"양귀(洋鬼)가 나타났다"
 ― 평양 시민들의 살벌한 환호 **41**
무법천지에 가까운 북한 오지의 현실 **42**
부부의 방 창호지를 뚫고 들여다보는 오지의 미래 교인들 **44**
백두산 호랑이 덫(함정) 골짜기에서 허니문 데이트 **45**
평안도의 땅끝 강계에서 **45**
산간 오지의 간이 역참 **47**
산적 떼의 습격을 당하다 **48**
조선 오지에서 산적 떼에게 잡혀 고문? 순교? **49**
강도의 재습격이 임박한 순간에도 환자를 진료 **51**
위원 읍성에서 한숨 돌리다 **52**
바지선을 타고 압록강을 내려가다 **53**
의주는 조선 선교의 땅끝이자 시작점 **55**

4장 종교, 의료, 교육의 기틀을 세우다

새문안교회를 건축하다 **57**
비위생적 조선
 ― 콜레라의 발생 **58**
콜레라의 창궐 **59**
콜레라 비상 방역 대책 위원회 **61**
검역소와 구호소 **63**
칭찬을 받으려고 하는 일은 아니지만 **65**

새문안교회 건축을 완료하다 **67**
연희전문을 설립하다 **67**
최후까지 최선을 다하다 **70**

2. 아펜젤러 선교사 편

1장 미국 감리교와 조선의 만남

가우처, 감리교 조선 선교의 길을 예비하다 **76**
미국 감리교와 조선의 우연한 만남 **76**
아펜젤러 조선을 향해 출발하다 **78**
일본에서 이수정을 만나다 **80**
아펜젤러 제물포항에 도착하다 **83**
서울에 입경하기도 전에 인천에서 교회 개척 **85**

2장 조선 근대 교육의 큰 기둥을 세우다

배재학당(培材學堂)의 교명을 받다 **88**
배재학당의 교육 내용 **90**
예비지도자 육성을 위한 특별활동
— 당대의 시사 포럼으로까지 확대되는 협성회 서클 **91**
배재학당의 당훈 **92**

3장 조선 선교의 문을 열다

발로 조랑말로 조선의 오지를 누비다 **95**
아펜젤러와 존스 선교사의 조선 남부 순행 일기 **97**

4장 내한 3년째, 공중 예배 시작하다

정동제일교회를 세우다 **113**
언더우드와 힘을 합쳐 성경 한글화에 매진하다 **114**
근대식 언론 출판문화를 이식하다 **116**
삼문출판사 **117**
사랑으로 이승만을 후원한 아펜젤러 **118**
서재필과 이승만 **119**
독립협회와 중추원 **120**
중추원의 내각 후보 추천안 결의 사건 **121**
사형수가 된 이승만 **121**
이승만, 한성 감옥에서 하나님을 만나다 **122**
조선을 위하여 뜬 별, 조선의 바다에 지다 **125**

3. 스크랜턴 선교사 편

1장 어머니는 교육, 아들은 의료로 사랑 전해

아들 윌리엄 벤턴 스크랜턴 **130**
미국인 의사 시약소 **132**
조선 여성을 위하여 여성 전용 병원을 개설하다 **133**
조선인 여성 의사를 양성 **135**

2장 진정한 '선한 사마리아인'의 의료 선교 실천

애오개 시약소/아현감리교회 개설 **136**
남대문 시약소/상동감리교회 개설 **139**

전덕기 목사, 스크랜턴 박사의 사역을 이어받다 **141**
상동교회 구국운동의 모태로 발전 **143**
동대문 시약소/동대문교회 개설 **148**

3장 메리 스크랜턴, 조선 최초의 여학교 설립

정동 여학교의 첫 번째 학생 **150**
편액(扁額)이 내려지다 **152**
이화학당(梨花學堂), 수업이 시작되다 **152**
조선 여성들 이름을 얻다 **153**
이화학당의 교육 이념은 조선 여성을 서양 여성으로 만들고자 함이 아니다 **155**
싱그럽게 피어오르는 신식 교육의 꽃 **156**

4장 선교사의 딸 유관순

앨리스(史愛理施) 선교사, 유관순을 양녀로 삼다 **159**
유관순, 공주(公州) 영명학교에서 성장하다 **160**
유관순, 이화의 딸이 되다 **160**
아우내 장터에서 대한 독립 만세의 봉화를 올리다 **161**
유관순, 조선의 딸로 산산이 부서지다 **162**

4. 헐버트 교사/선교사 편

1장 조선 최초의 미국인 교사

교육 입국에 눈뜨기 시작하는 조선 **165**

　　　　　미국의 청년 교사 3인이 선발되다 **166**
　　　　　미지의 나라 조선으로 가는 여정 **166**
　　　　　조선 생활의 시작 **167**
　　　　　서양식 근대 교육의 시작 **168**
　　　　　육영공원의 개교 **169**
　　　　　조선 최초의 세계 지리 교과서『ᄉᆞ민필지』**171**
　　　　　『ᄉᆞ민필지』에 깔린 평등사상 **173**
　　　　　『ᄉᆞ민필지』순한글 표기의 정신 **173**

2장 헐버트의 한글 연구

　　　　　한글에 관한 논문들을 발표(한글 티베트 문자 유래설) **177**
　　　　　한글 티베트 문자 유래설 비판받다 **180**
　　　　　헐버트 감리교 선교사로 재내한 **182**
　　　　　헐버트 선교사의 목회 활동 **183**
　　　　　한글의 이용(利用)에 관한 연구 **184**
　　　　　헐버트의 한글 맞춤법 연구, 데국? 제국? 제국? **185**
　　　　　한글 띄어쓰기는 누가 맨 먼저 시작하였을까?
　　　　　　"아버지가방에들어가신다?" **188**
　　　　　한국어 로마자 표기, Corea? Korea? **190**

3장 헐버트의 조선 역사·문화 연구

　　　　　『한국사』(영문판 상하권)와 함께『대한력ᄉᆞ』(한글판 역사교과서)도 출간 **195**
　　　　　『한국사 The History of Korea』는 어떤 책인가? **196**
　　　　　『대한제국 멸망사 The Passing of Korea』는 어떤 책인가? **198**
　　　　　헐버트의 조선 문화 풍속에 대한 연구 **200**

조선의 소설 **201**
조선인의 독특한 미술품 감상법 **202**
조선의 음악과 시에 대한 고찰과 감상 **202**
조선의 문화 예술을 창조적으로 감상하기 **206**
낙화암의 잔 다르크 **209**

4장 조선의 선한 이웃이 되어

일본군의 경복궁 점령 **212**
명성황후 시해 사건 **214**
춘생문 사건 **215**
아관파천(俄館播遷) **216**
베베르-고무라 각서: 아관파천 인정 **218**
대한제국 탄생 **219**
독립협회 **220**
러일전쟁 **221**
일제의 조선 외교권 박탈 책동 **223**
신임장도 없는 황제의 대미 특사 **224**
영국에 이어 미국도 한국을 버렸다 **226**
"나는 이 조약에 서명하지 않았다" **227**
조선 민중의 선한 친구 헐버트 **228**
한국인의 땅을 1원에 사서 다시 그 원주인에게 무상 임대하다 **229**

5장 헐버트의 조선 독립운동

헐버트를 헤이그 특사 예비 특사로 임명 **232**
헤이그에서의 세 특사 **234**
미국으로의 역(逆) 망명자가 되어 **236**

강연 때마다 눈물을 흘리며 한국의 억울함을 호소 **237**
서재필, 이승만의 활동을 지원 **238**
미국 의회에 석명서를 제출 **239**
3.1 운동에 대한 일제 폭압 고발
― 미 언론과 의회의 의미 있는 반응을 얻어 내다 **240**
『대한 독립의 당위성』 단행본 기초 **240**
한인 자유 대회에서 독립 쟁취를 역설 **241**
"나는 웨스트민스터 사원보다 한국 땅에 묻히기를 원하노라" **242**

에필로그 … **244**

1. 언더우드 선교사 편

1장 — 조선을 온몸으로 사랑하게 되다

2장 — 조선 복음화의 정지 작업들

3장 — 조선의 땅끝까지 복음을 전도

4장 — 종교, 의료, 교육의 기틀을 세우다

1장
조선을 온몸으로 사랑하게 되다

바울 사도가 로마에서 담대히 하나님 나라를 전파하며 주 예수 그리스도에 관한 것을 가르친(행 28:31) 사도행전 사역의 역사가 끝난 뒤 1,800여 년의 시간이 흐른 1859년에 영국의 런던에서 호러스 그랜트 언더우드(Horace Grant Underwood)라는 인물이 태어났다.

언더우드의 가족은 그가 12살 되던 1872년에 미국으로 이주하였다. 그는 1881년 뉴욕대학교를 졸업하고, 같은 해부터 1884년까지 뉴브런즈윅(New Brunswick) 신학교에서 공부하였다.

태어날 때부터 선교사?

될 나무는 떡잎부터 알아본다고 언더우드는 어릴 때부터 형제들과 소꿉놀이로 교회놀이를 할 때도 자기보다 2살 위인 형을 제쳐 놓고 목사 역할을 했다. 그 부친 존 언더우드도 아들 언더우드는 가업(잉크 공장, 타자기 리본 사업)을 잇기보다 목회자나 선교사가 될 자질을 타고났다고 생각했다.[1] '선교사(missionary)'는 그에게 주어진 어릴 적부터의 소명이었는지도 모르겠다.

---

1) Lillias Horton Underwood, *Underwood of Korea*, Flemming H. Revell, 1918, p.23

신앙적으로 조숙했던 언더우드는 4살의 어린 나이에 인도에서 온 어떤 사람의 연설을 듣고 인도 선교사가 되기로 마음먹었다. 그리고 신학 공부를 시작하면서 인도 선교사로 나가는 것을 확실한 비전으로 정하였다.[2] 그리고 오지(interior) 선교 시에 혹시 필요하게 될지도 모른다는 생각에서 신학생 시절 1년 동안 의학 공부를 했다. 그러던 중 1883년 언더우드는 같은 뉴브런즈윅 신학교 학생이었던 알버트 알트만(Albert Altmans, 1854-1939)이 선교사 지망생들을 모아 놓고 조선에 대해 이야기하는 것을 듣게 되었다.[3]

"1882년 조선은 미국과 조미수호통상조약을 맺었다. 조선의 인구는 1,300만 정도 되는데 아직까지 한 명의 선교사도 들어가지 않아 1,300만 명의 조선인이 지금 복음 없이 살고 있다. 그래서 미국의 교계에서는 조선에서 선교하기를 희망하는 사람을 찾고 있다."

알트만의 이 이야기에 언더우드는 처음에는 별 관심을 두지 않았다. 그런 그의 마음에 파장이 일기 시작한 것은, 일본에 있는 조선인 이수정(李樹廷)이 조선 선교의 필요성에 대하여 쓴 『세계 선교 평론』의 글을 읽고 나서였다.
"지금 간절하고도 긴요하게 조선 선교를 위해 미국 선교사들의 내한이 필요하다"라는 내용이었다. 그것은 1884년 1월의 일로 신학교 졸업을 몇 달 앞둔 어느 겨울날의 일이었다. 이수정의 이와 같은 선교 호소문을 읽은 순간 언더우드의 마음은 움직이기 시작했다. "왜 너 자신이 가지 않느냐?" 하나님의 음성이 귀에 들리는 듯했다.

---

2) *Ibid.*, p.30
3) *Ibid.*, p.34

미지의 나라 조선이 너를 부른다

그래서 그가 소속된 개혁교회 본부에 2차에 걸쳐 조선 선교 청원서를 냈지만 두 번이나 자금이 없다는 이유로 거절당했다. 이어 미국 북장로회 해외 선교부에도 같은 요청을 두 번씩이나 냈으나 아직은 시기상조라는 이유로 거절당하였다. 그러던 중 뉴욕에 있는 한 개혁교회에서 1년에 1,500달러 조건으로 그를 청빙했다. 언더우드는 조선 인도 선교의 꿈이 좌절된 상태에서 이 같은 청빙을 받자 이에 응하기로 했다. 그런 방향으로 마음을 굳히고 뉴욕교회에 청빙 수락 편지를 써서 봉투에 넣어 막 우체통에 집어넣으려는 순간, 두 번째의 음성이 들리는 것 같았다.

"조선에 갈 사람이 하나도 없다니…."[4]

다시 한번 시도해 보자. 언더우드는 미국 북장로회 해외 선교부를 다시 찾아갔다. 이때엔 상황이 많이 바뀌어 있었고 총무도 바뀌어 있었다. 새 총무 엘린우드(F. F. Elinwood) 박사가 반갑게 맞아 주었다. 금상첨화로 이미 엘린우드 앞에는 브루클린의 평신도 맥 윌리엄스(McWilliams)가 조선 선교에 써 달라고 보낸 1,250달러가 헌금되어 있는 상태였다. 이로써 언더우드가 신비한 음성을 들었다는 조선 선교는 현실로 구현되었다. 1884년 봄에 신학교를 졸업하고, 1884년 7월 28일 조선 파송 장로교 선교사로 선정되었다. 그해 11월에 목사 안수를 받고, 12월 16일 샌프란시스코를 출발하였다.

---

4) *Ibid.*, p.35

그림 1 언더우드 선교사

"지긋지긋하게 좁은 길과 온갖 소음으로 가득한 나라"에 도착하다

그리하여 일본까지 왔지만 조선에서는 갑신정변이 일어나 사회 분위기가 몹시 혼란스러웠기 때문에 3개월가량을 일본에 머물러 있어야 했다. 일본에 머무는 동안 『세계 선교 평론』에 조선 선교의 필요성에 대하여 글을 쓴 바 있었던 조선인 기독교도 이수정(李樹廷)을 만났다. 이수정은 수신사(修信使)의 일원으로 일본에 갔다가 일본의 농학 박사 쓰다센(津田仙)의 전도를 받고 기독교인이 된 사람이다. 수신사 체류 기간이 만료된 이후에도 일본에 남아 있으면서 미국인 선교사 조지 녹스(George W. Knox) 목사로부터 세례를 받았다. 그는 미국성서공회(美國聖書公會)의 일본 주재 총무 헨리 루미스(Henry Loomis)의 제안에 따라 『신약 마가전 복음서 언해』를 저술하였다. 언더우드는 이수정에게서 한국어를 배우면서 조선에서의 선교 사역을 준비하였다.

그러다가 1885년 4월 5일 감리교 선교사 아펜젤러(Henry Gerhard

Apenzeller)와 함께 제물포항에 도착하였다. 제물포항의 해변은 자갈투성이였고 멀리 나무 한 그루 없는 민둥산이 내다보였다. 부둣가는 흰 모래밭 대신에 칙칙하고 지저분한 뻘밭이었다. 접안 시설이 없었기 때문에 배는 부두에 가까이 오지 못하고 물 한가운데 닻을 내렸다. 거룻배로 갈아타고 육지에 당도하여 조선 땅에 한 발을 디딜 때 언더우드의 마음은 다만 상기될 뿐이었다. 언더우드는 간절히 기도드렸다.

"주여! 이 시간에는 아무것도 보이지 않습니다. 그 넓고 넓은 태평양을 어떻게 건너왔는지 그 사실이 기적입니다. 지금은 조선의 마음이 보이질 않습니다. 그러나 주님, 순종하겠습니다. 겸손하게 순종할 때 주께서 일을 시작하시고, 그 하시는 일을 우리들의 영적인 눈으로 볼 수 있는 날이 올 줄 믿나이다."[5]

불꽃 같은 선교의 열정 하나로 출발

1889년 언더우드와 결혼하여 부부 선교사가 된 릴리어스 언더우드(Lillias H. Underwood)가 그의 사후 1년째 되던 해에 쓴 그의 일대기 『조선의 언더우드 Underwood of Korea』에서 언더우드는 '불꽃 같은 선교의 열정(flaming missionary zeal)을 가진 사람'이라고 묘사되고 있다.[6]

언더우드는 서울에 들어온 지 3일 만에 알렌(Allen) 선교사가 설립한 광혜원(廣惠院, 제중원으로 변경)에서 일하기 시작했다. 제중원에서의 의료 봉

---

5) 언더우드의 기도(From Pastor Sara's Heart: November 17, 2013: fellowshipusa.com/xe/index.php?mid=ecolumn2&document_srl=461208&listStyle=viewer)를 최대한 압축
6) Lillias Horton Underwood, *Op. cit.*, p.63

사는 선교를 위해 기초의학을 공부했던 것이 바탕이 되었다. 그 뒤 1886년 제중원에서 의학교가 열려 교사로 일하면서 물리와 화학을 가르쳤다.

선교사가 조선에 온 것은 선교를 하기 위한 것이지 직업 생활을 하기 위한 것은 아니다. 조선에서 선교를 할 때 영어로 하는 것은 아니다. 선교에 있어서는 현지 사람들이 쓰는 언어로 주님의 말씀을 전하는 것이 중요하다. 언더우드는 조선에 와서 조선 사람들이 한글보다 한문을 더 많이 쓴다는 것을 보고 놀랐다.

언더우드는 알렌의 도움으로 서울 정동에 한옥 한 채를 마련하고 그 한옥을 선교사 개인의 주거가 아니라 선교 다목적 공간으로 적절히 활용하였다. 언더우드는 조선에 도착한 직후 7월 2일부터 그의 사랑에서 주일예배를 드리기 시작하였다.

초창기 주일예배에는 외국인들만 참석했다. 그러나 점차 조선인 신자들도 사랑방 예배에 참석할 수 있었다.

언더우드의 사랑방은 주일이 아닌 평일에는 선교사들의 공부방이었다. 처음에 사랑방에서 한국어를 배우기 위하여 한국어 선생들을 모셔다가 한글과 한국어 공부를 하였다. 그런데 이때 언더우드는 조선에 사랑방 문화가 있다는 것을 알았다. 사랑방에서 한국말 공부를 하는 시간 이외에도 선교사들은 한국어 선생들과 잘 어울렸다. 조선의 문화 풍습을 알기 위한 것이었다. 조선 사람들은 사랑방에 모여 앉아 담배를 피우면서 담소하는 것을 즐겼다. 선교사들은 지독한 담배 냄새에 시달렸지만 잘 참아 내면서 이들과 어울리고 친해졌다.

당시의 조선 사람들은 영어를 배우고자 하는 열망이 높았다. 조선 사람들을 불러다가 영어를 가르치는 것도 선교의 좋은 방식의 하나였다. 언더우드의 사랑방은 졸지에 영어 학교가 되었다.

한국어가 조금 익숙해지자 언더우드와 선교사들은 거리 전도에도 나섰다. 서울 시내 시장 거리나 커다란 둥구나무가 있는 마을 어귀도 찾아다녔다. 서울 시내에는 수많은 약수터가 있었고 어김없이 거기에는 사람들이 모여 있었다. 선교사들이 사람들 앞에서 한글 성경을 큰 소리로 읽어 주면 사람들이 호기심을 가지고 모여들었다가 성경과 그 성경에서 전하고자 하는 바에 대하여 질문을 한다. 그러면 선교사들은 그 책에서 전하고자 하는 진리가 무엇이며 그것이 의미하는 바가 무엇인지 설명을 해 주었다.[7]

조선의 영토 내에서 조선인에게 베풀어진 최초의 세례

이런 가운데 1886년 조선 선교의 첫 열매가 맺혔다. 언더우드의 사랑방에서 영어를 배우던 사람 가운데 노춘경이라는 사람이 있었다. 당시 언더우드의 사랑방 영어 학교에서는 매일 아침 예배가 열렸다. 노춘경은 영어를 배우러 다니면서도 예배에는 매우 소극적이었다. 예배가 거의 끝날 무렵에나 나타나는 것이었다.

선교사들은 노춘경에게 매일 아침 예배에 꼭 나오라고 강요하지는 않았다. 다만 주일예배에는 꼭 참석하는 것이 좋겠다고 권유하였다.

나중에 안 사실이지만 노춘경은 영어에 관심이 있는 것이 아니었다. 한문에 능통한 사람으로서 여러 서적들을 읽으면서 세계정세에 대하여 정확히 알고자 하는 열망이 컸다. 그가 세계정세에 대하여 열심히 탐독한 결과 대부분의 서양 강대국들은 다 기독교 신앙을 신봉하는 국가라는 사실을 알게 되었다. 노춘경은 그때까지도 기독교는 매우 허접한 종교라고 생각했다. 그러나 기독교가 그렇게 허접한 종교였다면 그 종교를 신봉하는 서

---

7) Horace G. Underwood, *The Call of Korea*, Flemming H. Revell, 1908, pp.104-106

양 국가들이 그렇게 강대국으로 발전할 수가 없었을 것이라고 생각했다.

그림 2 노춘경

거기에 생각이 미치면서 영어 공부를 핑계로 언더우드의 사랑방 학교에 다니면서 선교사들에게 기독교의 진리를 배우고자 했던 것이다. 그는 알렌 선교사의 통역관으로 일하고 있었는데 어느 날 홀로 알렌 선교사의 방에서 알렌을 기다리고 있다가 책상 위에서 한문으로 된 『마태복음서』와 『누가복음서』를 발견하였다.

그는 얼른 이 두 책을 자기의 옷소매에 감추고 있다가 알렌이 온 뒤 그날의 업무를 마치고 집으로 돌아왔다. 집에 돌아와서 그는 이 책들을 밤을 새워 읽고 또 읽었다. 날이 새자 그는 언더우드를 찾아와서 그 두 책을 소매에서 꺼내서 언더우드에게 보여 주며 소리쳐 외쳤다. "참 좋습니다!", "참 위대한 진리입니다!"

언더우드는 그와 마주 앉아 하나님과 그리스도와 그에 대한 믿음에 대하여 설명해 주었다. 이후 노춘경의 신앙은 점점 자라 세례 교인이 되기를 원했고 언더우드는 1886년 7월 11일 그에게 세례를 베풀었다.[8]

당시에는 국법이 세례를 금하고 있었다. 국법에서 금하고 있는 일이었기에 노춘경에게 세례 주는 일을 선교사들은 망설였지만 믿음으로 강행하였다. 헐버트 회고록에 의하면 헐버트(Homer B. Hulbert)는 밖에서 누가 오는지 망을 보고, 언더우드는 3~4명의 선교사들이 지켜보는 가운데 문을 잠근 채 안에서 세례 의식을 집전하였다.[9]

---

[8] Horace G. Underwood, Ibid., pp.105-106
[9] 김동진, 『파란눈의 한국혼 헐버트』, 초판 2쇄, 참좋은친구, 2010, 97쪽

조선의 영토 내에서 조선인에게 베풀어진 두 번째 세례

황해도 소래(松川: 솔내)에서는 서상륜(徐相崙)이라는 권서인을 중심으로 동네 사랑방에서 매주 일요일마다 주일예배가 드려지고 있었다. 조선 최초의 자생교회라 하겠는데 서상륜은 중국 심양에서 시무하고 있던 스코틀랜드 연합장로회의 선교사 로스(John Ross) 목사의 지도로 권서인으로 활동하던 사람이다. 1886년 연말경 서상륜이 로스 선교사의 소개장을 들고 언더우드 목사를 찾아왔다. 그러면서 그 마을 사람 몇 명이 세례받기를 원한다고 하였다.[10]

언더우드는 당장은 세례를 베풀지 못했다. 그러나 해가 바뀐 정초에 엄정한 심사를 거쳐 소래로부터 온 세 사람에게 세례를 베풀었다.[11]

신명호 교수의 "개신교 개척자 서상륜"이라는 글에[12] 따르면 이때 언더우드 목사로부터 국내에서의 세례의 두 번째 케이스로 세례를 받은 세 사람 중의 하나가 서상륜의 동생인 서상우라고 한다. 서상우는 달리 서경조라고도 불렸는데 훗날 서경조는 조선인 최초의 장로교 목사가 됐다.

이 3명을 뒤이어 한양·소래 등에서 세례를 요청하는 신자들이 계속 언더우드 집을 찾아왔다. 언더우드는 공식적으로 교회를 세우고 그 교회 안에서 세례를 주기로 결심했다. 이러한 것이 언더우드로 하여금 새문안교회를 설립하게 된 중요한 동기 중의 하나가 되었다.

조선 선교의 마중물 — 서상륜 토착 교인

신명호 교수의 윗글에 따르면 서상륜은 의주 출신으로 만주의 심양(瀋陽)

---

10) Horace G, Underwood. *Op. cit.*, pp.107-108
11) *Ibid.*, pp.136-137
12) 신명호, [신명호의 한국사 대전환기 영웅들(제3부)] 근·현대 서구화와 기독교 수용의 주역들(5) 개신교 개척자 서상륜, 「월간중앙」 2020. 09. 호

등지를 드나들며 홍삼을 팔던 상인이었다고 한다. 민주의 우장(牛莊)이라는 곳에서 열병에 걸려 선교사 병원에 입원하였다가 그곳 선교사의 전도로 기독교인이 되었다.

당시 심양에는 스코틀랜드 연합 장로회의 선교사 로스(Ross) 목사가 사역하고 있었다. 서상륜은 1882년 5월 심양에서 로스 목사에게 세례를 받았다. 그 후 서상륜은 심양에 머물며 한글 성경을 인쇄하는 로스 목사를 도왔다.

1882년 한글 성경이 완성되었고, 로스 목사는 서상륜을 권서인으로 임명하여 의주, 한양으로 파송했다. 서상륜이 수백 부의 한글 성경을 지고 의주로 향하던 중 고려문(柵門)에서 검색당하여 체포되었다. 그러나 다행히 검문소에 있던 그의 친척 김효순의 주선으로 풀려날 수 있었다.

'조선인으로 세례까지 받고 한글 성경까지 받아 와 조선에서 배포하려 하였다?' 의주에서 조선 관리들에게 검속되면 삼족이 몰살당할 수도 있었다. 그래서 서상륜은 한글 성경을 백홍준 등 친구들에게 넘겨주어 의주 지역에 뿌리게 했다.

신변의 위협을 느낀 서상륜은 동생 서상우와 함께 의주를 떠났다. 자신은 한양으로 가고 동생 서상우는 친척들이 살고 있는 황해도 장연군 대구면 소래(松川: 솔내) 마을로 보냈다.

서울에 도착한 서상륜은 몇 달간 은신해 있다가 도성 안으로 들어와 로스 목사에게 성경을 보내 달라고 하여 수백 부의 한글 성경을 받았다. 이로써 서상륜의 한양에서의 토착 선교가 시작되었으며 그로부터 한양에서 개신교가 급속히 확산됐다. 다른 한편으로 서상륜은 황해도 소래 마을에 있던 서상우에게도 전도했다.

그림 3 서상륜

그러다가 1884년 연말 한양에서 갑신정변(甲申政變)이 발발했다. (갑신정변은 실패로 끝났다.) 이로써 기독교 전도가 다시 위험해져 서상륜은 한양을 탈출하였다. 바로 심양으로 가서 로스 목사를 만나 그간의 사역을 보고하고 다시 동생이 있는 황해도 소래 마을로 갔다.

그때가 1885년 3월이었는데 당시 소래 마을에는 동생 서상우가 전도한 신자 20명이 있었다. 서상륜은 그들을 모아 동생 서상우의 사랑방에서 일요일마다 주일예배를 드리기 시작했다. 이것이 조선 최초의 자생교회 소래교회의 시발점이다.

2장
조선 복음화의 정지 작업들

새문안교회를 창립하다

그림 4 새문안교회의 출발 시 원형 – 언더우드 선교사의 사랑채

1887년 9월 27일 서울 정동에 위치한 언더우드 목사의 사랑채에서 조직교회로서의 첫 예배가 시작됨으로 '새문안교회'가 창립되었다. 새문안교회 창립 예배에는 만주 심양에서 온 로스 목사도 참석하였다. 그리고 조선인 신자 14인이 참석했는데 그중 5명은 서상륜·서경조 등 소래교회 출신이었고, 나머지 9명은 한양 출신이었다. 노춘경을 제외한 한양 출신 8

27

인, 소래교회 출신 4인 총 12인은 모두 서상륜이 전도하여 세례를 받고 참석한 사람들이었다.[13]

이날 예배에서는 장로 두 사람이 선출되었다. 두 사람의 장로가 누구였는지에 대해서는 명확한 기록이 없다. 초창기에는 정동교회, 서대문교회라는 명칭으로 혼용되어 불리다가 1907년부터 새문안교회라는 이름으로 불리게 되었다.

'파란 눈(碧眼) 코쟁이'의 지방 순회 선교(1차)

1887년 11월에는 북한 지방으로의 순회 선교 여행을 가졌다. 언더우드의 지방 선교 방법은 매우 독특하였다. 그의 지방 순회 전도 팀은 대략 다음과 같이 꾸려진다.

현지 관계와 통역 도우미 역할을 하는 조선인 조사(助事: Helper)[14], 2~3명의 코넷(Cornet: 트럼펫 비슷한 금관악기) 연주자, 그리고 환등기 기사였다.

어느 선교 거점으로 들어가게 되면 여러 가지 사전 연락망을 통해서 어느 지점에서 전도 집회가 있다는 것이 알려지게 된다. 일단 전도 집회 장소에 도착하면 우선 천막을 치고 그 앞에 예수의 생애를 그려 놓은 그림을 걸어 놓은 후 나팔수들이 음악을 연주한다. 그러면 그 나팔 소리를 듣고 동네 사람들이 모여든다.

사람들이 많이 모이면 언더우드 선교사가 환등기 기사가 보여 주는 화면을 구성진 목소리로 해설 설명한다. 난생처음 보는 '파란 눈의 코쟁이'를 직접 볼 수 있다는 것 하나만으로도 사람들은 모여들었고 언더우드의

---

13) 신명호, 위의 글
14) 장로교에서, 목사를 도와 전도하는 교직. 『엣센스 국어사전』

구변 좋은 해설은 그들의 마음을 한껏 사로잡았다.

이렇게 지방 전도 여행을 떠나면 적어도 하루에 짧게는 40리 길, 길게는 60리 길을 걸으며 여행을 강행하였다.[15]

1차 순회 선교의 코스는 서울을 출발하여 송도(松都), 소래(松川)를 거쳐 평양(平壤), 의주(義州)까지 갔다.[16]

소래에 갔을 때는 7명의 현지 신자들이 세례받을 준비를 마친 상태여서 언더우드 목사가 그들에게 세례를 베풀었다. 감사하게도 조선의 신자들은 활짝 열린 귀를 가지고 선교사들의 이야기를 들어 주었다. 역시 조선은 동방예의지국이었다. 조선 신자들은 서양 선교사들을 멀리서 오신 손님들이라 하여 정중하게 대해 준다.

순회 선교 시 선교사들은 기독교 서적(교리문답서 등속)과 초기의 쪽복음(일본에서 이수정이 만든 마가복음을 언더우드와 아펜젤러가 국내용으로 임시 수정한 초기의 성경)을 무료로 나누어 줄 수도 있었지만 네비우스(Nevius)식 선교 원칙(원조받는 자로서가 아니라 자기 힘으로 자기 신앙을 개척하게 한다는 원칙)에 따라 자비로 구입하게 하였다.

그런데 조선의 잠재적 신자들은 이 책들을 즐겨 구입하여 진지하게 탐독하는 것이었다. '야소(耶蘇) 진리', '상제(上帝) 진리', '기독교'란 무엇인가를 진정으로 알고 싶어 했던 것이다.

언더우드는 당시의 북한 지역 주민들이 이렇게 기독교에 대하여 호의적인 태도로 대해 주게 된 것은 당시까지 먼저 서양 선교사들이 중국(만주 지역)에 들어가서 조선으로부터 중국을 드나드는 조선인 신자들(서상륜과 같은 사람들)에게 전도를 했던 덕택이라고 보았다.[17]

---

15) Lillias Horton Underwood, *Underwood of Korea*, Flemming H. Revell, 1918, p.312
16) Horace G. Underwood, *The Call of Korea*, Fleming H. Revell, 1908, p.137
17) *Ibid.*

도중하차하게 된 2차 순회 선교(1888년 봄)

1888년 봄, 언더우드 선교사는 아펜젤러 선교사와 함께 북한 지역으로의 순회 선교 여행을 떠났다. 이때 조정에서는 난리가 났다. 이때는 아직 조선에서 외국 종교의 포교가 공식적으로 허용되지 않고 있을 때였다. 이때 가톨릭 교계에서 서울에 최초의 성당을 짓기 위하여 부지를 선정하고 있었다. 부지로 선정된 곳의 위치는 경복궁이 눈 아래로 내려다보이며 역대 제왕의 위패를 모신 종묘에 바로 인접한 높은 언덕이었다. (지금의 명동성당 자리이다.) 고종 임금이 모르는 사이에 가톨릭계에서 그 부지를 선정했고 매입했다. 그래서 조정에서는 가톨릭 선교사들과 프랑스 공사관 측에 그 부지를 변경하도록 강하게 종용하였다. 그러나 가톨릭 측에서는 고집을 꺾지 않고 그 요구를 명시적으로 거절하였다. 이 사실이 고종과 내각의 엄청난 분노를 야기했던 것이다. 이 사건 때문에 조정에서는 외국 종교의 포교 금지령을 내렸다. 미 공사관에서는 언더우드와 아펜젤러에게도 명령은 아니지만 선교 활동을 중지하도록 권고했다. 그래서 두 선교사는 마음이 내키지는 않았지만 다음을 기약하고 귀경하였다.[18]

경신학교(儆新學校)를 세우다

언더우드는 1886년 초부터 그의 정동 집에서 고아들을 데려다가 돌보아 주기 시작하였다. 언더우드는 그 아이들을 먹여 주고 입혀 주는 데 그치지 않고 그 아이들에게 공부를 시켜 주기 시작하였다. 고아원이 고아 학교

---

18) Lillias Horton Underwood, *Fifteen Years Among the Top-knots*, American Tract Society, 1904, p.13

가 된 것이다. 그러나 그 고아 학교는 고아들만 와서 공부를 하는 것이 아니라 일반인의 자제들도 신교육을 받기 위한 학교로 발전하였다. 고아원과 학교는 처음에는 언더우드의 집을 개조한 공간에서 이루어졌다. 그러다가 1886년 2월, 조선 정부로부터 공식 인가를 받게 되었고 그렇게 되자 언더우드는 자신의 집 맞은편 건물을 사들여 고아원 겸 학교로 이용했다.[19]

초기 고아원에서 데려다가 기른 아이들 가운데 한 사람인 김규식 박사의 이야기가 전설이 아니라 살아 있는 역사로 지금까지 전해지고 있다.

원래 김규식은 부산 동래에서 태어났는데 아버지는 동래부사 종사관 김지성(金智性)이었고 그는 유학까지 다녀온 인텔리였으나 귀양 형에 처해졌고 어머니마저도 사망하여 오갈 데 없는 처지가 됐다.

그림 5 언더우드 학당 1886. 5. 11. 경신학교의 전신

언더우드는 빈사 상태로 버려져 있는 김규식을 데려다 극진히 간호하고

---

19) 신명호, 앞의 글

키웠다. 학교에 갈 나이가 되어 김규식은 고아원 겸 언더우드 학당(경신학교)의 학생이 됐다. 온 동네를 휘젓고 다닌다고 해서 언더우드는 그를 '번개비'라고 불렀다.

김규식은 언더우드의 주선으로 미국에 유학을 가 학사 석사를 마치고(후에 모교인 로노크대학으로부터 명예 법학박사 학위도 받음) 고국에 돌아와 독립운동에 투신하게 되었다. 일제 36년 동안 중국 상해 등지에서 대한민국 임시 정부 요인(외무부장, 부주석 등)으로 항일 독립운동에 헌신했다.

해방공간에서는 미군정하 '남조선 대한민국 대표 민주의원', '남조선 과도 입법 의회' 등에서 활약(부의장, 의장)했다. 이후 김규식은 중도파를 결속하는 정치 활동을 벌였으며 1948년 4월 김구와 함께 북한으로 건너가 남북 협상을 시도하였으나 실패하자 정계를 떠났다. 1950년 6.25 전쟁 중 조선 인민군에 납북되어 평양을 거쳐 북쪽으로 계속 끌려가던 중 병사했다. 1989년 '건국훈장 대한민국장'이 추서되었다.

경신학교 초대 교장

언더우드 선교사는 초기 고아원을 '언더우드 학당(구세학당)'으로 확장 개편하여 1886년 7월 11일 개설 예배를 드리고 초대 학당장으로 취임하였다.[20] 이 학당은 경신학교와 연희전문학교의 씨앗이 되었다. 항일 독립운동가 도산 안창호 선생 또한 이 학당 출신이다. 도산 안창호는 고아 출신은 아닌데 학생으로서 이 학당에서 공부하였다. 초기 새문안교회에 고아 출신으로 송순명 장로라는 분이 있었다. 송순명은 언더우드가 세운 고아원에서 성장해 1904년 교회 장로로 임명되었다. 그는 누구보다 부지런

---

20) 서울 혜화동에 위치한 경신고등학교 연혁 참고

하게 발로 뛰는 복음 전파자였는데, 도산 안창호가 바로 송순명 장로의 전도를 받아 기독교인이 되었다고 한다.[21] 이 학당은 1891년 '예수교 학당'으로 개명하고 입학 연령을 10세로, 수업연한을 5년제로 하였다. 그러던 중 1897년 이 학당은 선교 정책으로 일단 폐당되었다.

1901년 이 학당은 게일 목사(Re. J.S. Gale)를[22] 중심으로 재설립되어 연동교회 부속건물(연지동 136-17)로 이전하였다. 1903~1904년에 언더우드가 이 학교에서 구약 신학과 물리학을 가르쳤다. 1905년 이 학교는 교명을 '경신학교(儆新學校)'로 명명하였다. 1910년 8월 언더우드는 경신학교 교장으로 임명되어 1년 동안 재직하였다.

1915년에는 미국북장로교회(한국선교부)와 미국북감리회 및 남감리회(한국선교부) 합동으로 '조선기독대학(경신학교 대학부, 후에 '연희전문'으로 교명 변경)'이 설립되었다. 언더우드는 이 대학의 설립과정을 주도하였고 이 학교의 초대 교장(설립 당시의 직명은 임시 교장)으로 임명되었다.[23]

문서 선교의 초석을 놓다

언더우드는 내한 초부터 계속 한국어 공부에 힘을 써 유창하게 구사할 정도가 되었다. 한글을 선교 공용어로 결정하여 성경 번역과 출판 사업에 서둘렀다.

1887년에는 『마가의 젼한 복음셔 언히』를 일본에서 간행하였다. 또 같은 해 한글 성경 번역과 그 감독을 목적으로 하는 '상임성서 실행위원회

---

21) 유성종, 이소윤, 『믿음의 땅 순례의 길』, 두란노, 2016, 27쪽
22) 게일 선교사는 언더우드가 소속되어 있던 미국북장로회의 선교본부 한국선교부 소속이었다.
23) 박형우, 「연세대학교는 어떻게 탄생했는가?」, 공존, 2016, 175-179쪽

(The Permanent Executive Bible Committee in Korea)'를 구성하였다. 『웨스트민스터 소(小) 요리문답』도 간행하였다.

1889년에는 송덕조(宋德祖)의 도움을 받아 *An Introduction to the Korean Spoken Language* 『조선어교본』과 *A Concise Dictionary of the Korean Language* 『조선어 사전』(한영부, 영한부)을 발간하였다.[24]

1889년 또 정동의 언더우드 자택에서 '한국성교서회'를 조직하였다. 이는 1890년 그 헌장을 통과시킴으로써 정식으로 출범하였고 오늘날 '기독교서회'의 모체가 되었다.

이 한국성교서회의 1차적인 사명은 한글 성경을 만들어 성경을 조선의 신자들에게 배포하는 것이었다.

언더우드는 스스로 한국성교서회의 서기가 되어 동료 선교사들과 조선인 조력자들의 힘을 빌려 『신약성서』(1900)와 『구약성서』(1911)를 발간하였다.

1919년 '한국성교서회'는 '예수교서회'로 개칭되었다. 이 서회는 한글로 허다한 번역서를 펴내 한국의 기독교 발전과 민중 교화에 큰 공헌을 하였다.

조선에 있어 찬양가(찬송가)는 1892년 존스(G. A. Jones)와 로드와일러(Louisa C. Rothweiler)[25] 가 감리회 선교부(The Korea Mission of The Methodist Episcopal Church)에서 펴낸 『찬미가』가 최초였는데 이는 악보 없이 가사만 있는 찬송가집이었다.

---

24) 최재건, "최재건의 역사탐방 — 언더우드가의 한국선교" 참조 http://www.cjk42.com/84
25) 미국북감리회 여성선교부 소속 선교사. 메리 스크랜턴의 후임으로 이화학당 2대 학당장을 역임한 인물

언더우드는 그보다 2년 뒤 1894년 예수성교회당에서 조선 최초로 악보 찬송가집 『찬양가』 총 154장을 편찬하였다.

언더우드는 1897년 주간(週刊) 순한글신문 『그리스도신문』을 창간하였다. 이 신문은 기독교 선교를 그의 제일가는 사명으로 하고 있으나 그에 못지않게 당시 낙후된 조선에 필요한 국민 의식의 계몽과 신지식의 보급에 힘을 기울이는 활동을 펼쳤다.[26]

그림 6 언더우드의 찬양가 초판. 출처: 연세대학교 학술원

한국 YMCA 운동을 시발하다

기독청년회(YMCA)는 1844년 런던에서 최초로 결성되고, 한국에서 YMCA의 태동은 언더우드(H. G. Underwood), 아펜젤러(H. G. Appenzeller)와 같은 선교사들이 1899년경부터 그 설립을 추진한 것에서 비롯되었다.

---

26) 이해창, 『한국신문사 연구』 개정증보판, 성문각, 1983, 286-292쪽

당시 교회에 다니는 기독교인들은 거의 하류층에 속하는 사람들이었기 때문에 선교사들은 상류 지식층과 청년들을 선교하기 위해 교회와는 다른 차원의 기독교 기관이 필요하다고 느꼈던 것이다.

1900년 언더우드는 아펜젤러 목사와 의논하여 한국에도 기독교 청년회를 설립할 수 있도록 도와 달라는 내용의 청원서를 YMCA 국제 위원회에 제출하였다. 국제 위원회에서는 1901년 9월 질레트(Phillip L. Gillette)를 조선 황성 YMCA의 설립 총무로 파송했다.

질레트는 서울에 도착하자마자 YMCA 창립준비위원회(Advisory Committee)를 조직하였으며, 헐버트(H. Hulbert)가 위원장을 맡았다.[27] 우선 배재학당(培材學堂) 학생들로 한국 학생 YMCA로 활동하게 하였다. 1902년에는 한국 학생 YMCA가 세계 학생기독교 연맹에 가입하였다. 1903년 10월 28일 황성 YMCA가 정식으로 결성되고 헌장을 채택하게 되었다.

원래 1898년 독립협회(獨立協會)와 개혁당(改革黨) 사건이 일어나 이승만, 이상재(李商在), 김정식(金貞植), 이원긍(李源兢) 등과 같은 양반 출신의 지식인들이 한성 감옥에 투옥된 바 있었다. 이들은 아펜젤러 등 선교사들의 보살핌과 인도로 복역 중 기독교 신자가 되었다. 이들이 1904년에는 감옥에서 풀려나게 되었는데 이때 이상재 등은 황성기독교청년회의 활동에 참여하면서 YMCA에서 중추적인 역할을 맡게 되었다.

게일(J. S. Gale), 헐버트(H. Hulbert), 질레트, 브로크만(F. M. Brockman), 언더우드 등 외국인 임원진과 조선인 지도자들, 총무 김정식, 간사 최재학(崔在鶴)·육정수(陸定洙)·이교승(李教承) 등 실무진이 조선 YMCA 운동에 크게 공헌하였다.

---

27) 김동진, 「파란눈의 한국혼 헐버트」, 초판 2쇄, 참좋은친구, 2010, 107-108쪽

3장
조선의 땅끝까지 복음을 전도

생애의 반려자 릴리어스와 결혼하다

언더우드는 1889년에 미국 북장로교회 의료 선교사였으며 여의사였던 릴리어스 호튼(Lillias Horton, 1851-1921)과 결혼하였다.

그림 7 릴리어스 호튼 언더우드 부인

릴리어스 호튼은 뉴욕주 얼바니에서 태어났다. 릴리어스는 1863년 6월 얼바니여자대학교를 졸업하였다. 일반 여자대학교를 졸업한 뒤 상당한 시간이 흐른 1881년에 시카고 여자의과대학에 입학하였다. 의과대학에 입학하게 된 동기는 인도 선교 경험담을 우연히 듣게 되어 선교사로 자원할 결심이 서 있었기 때문이었다.

게다가 릴리어스 호튼은 그의 어머니가 선교사로 그를 바치려고 하였던 덕에 선교사로 나가게 되었다고 할 수 있다. 그의 어머니는 자신이 선교사로 나가지 못했기에 딸이 그런 역할을 해 주기를 바랐다고 한다.[28]

---

28) 공병호, 『이름 없이 빛도 없이』, 공병호연구소, 2018, 245쪽

릴리어스 호튼은 1887년 시카고 여자의과대학에서 의학사 학위를 받고 시카고의 여러 병원에서 수련의 과정을 거쳤다. 그녀는 1888년에 미국 북장로교해외선교부 파송 의료 선교사로 조선에 당도하였던 것이다.

호튼은 1888년 조선의 제물포항에서 내렸으며 명성황후의 주치의며, 당시의 국립병원인 제중원의 여성진료부 담당 의사로 부임했다. 제중원은 원래 알렌 박사(Dr. Allen)에 의하여 설립되었고, 알렌 박사는 고종의 주치의를 겸하였다. 그런데 알렌이 주한 미국공사로 발령되는 바람에 헤론 박사(Dr. Heron)가 알렌의 후임으로 그 자리에 들어간 것이다. 제중원의 명성황후의 주치의는 원래 엘러스(Miss Ellers)였다. 그런데 엘러스가 당시 육영공원의 교사였던 벙커(Mr. Bunker)와 결혼하게 됨으로써 호튼이 그 후임으로 들어오게 된 것이었다.[29]

신혼여행을 겸한 북한 오지 선교

그림 8 신혼여행을 겸한 순회 선교를 떠나기 전의 모습.
출처: 연세대학교

---

29) Lillias Horton Underwood, *Fifteen Years Among the Top-knots*, American Tract Society, 1904, p.6

1889년 3월 14일 이른 아침 언더우드 선교사와 갓 결혼한 호튼(릴리어스) 박사는 신혼여행을 겸하여 북한 지방의 순회 선교 여행을 떠났다. 말이 신혼여행이지 이것은 허니문 여행이 아니었다. 언더우드는 선교사였고 릴리어스는 여의사였다. 북한 지방의 선교지에 도착하면 언더우드는 현지 주민과 신앙 상담을 하는 동안 릴리어스는 현지 부녀자들을 진료하였다.

릴리어스 박사(릴리어스가 일반 선교사가 아니고 의사 Dr.라는 뜻으로 이 호칭을 쓰도록 하겠다)는 1904년에 『지난 15년 조선 생활의 회고록 Fifteen Years Among the Top-knots: Life in Korea』이라는 책을 썼는데 그녀는 1889년 3월 중순부터 5월 중순까지의 2달간에 걸친 북한 지방 오지 선교의 경험을 생생하게 기록하여 놓았다. 여기서는 당시에 언더우드와 릴리어스가 맞닥뜨렸던 조선 오지 선교의 진면목이 무엇인지를 이해하기 위하여 조금 길지만 그의 여행 기록을 추적하여 보도록 하겠다.

독립문에서 출발 무악재 넘어 임진나루 주막에서 일박

서울에서 북쪽 지방으로의 여행의 출발지는 서대문 밖 독립문이다. 언더우드는 마부가 끄는 조랑말을 타고, 릴리어스는 앞뒤 두 명의 가마꾼이 메는 가마를 타고 간다. (가마꾼은 교대 인력까지 총 네 명이다.) 그리고 선교사와 현지인들과의 소통을 돕는 조선인 조력자와 두 명의 짐말(負運馬)의 마부들이 일행이 되어 출발하였다. 안산과 인왕산 사이의 좁은 고갯길 무악(毋岳)재는 예나 지금이나 교통량이 많았다. 고개를 오르는 우마차, 커다란 보따리를 등에 진 당나귀들과 행인들로 길이 붐볐다.

서울을 떠나 송도로 가는 중간쯤의 소읍에 주막이 하나 있었다. 여기서 일행은 하룻밤을 묵었다. 당시 시골의 작은 주막은 오늘날로 따지면 민박

집과 같은 것인데 주인의 방인 안방에는 선교사 부부가 묵고(선교사 부부는 접었다 폈다 하는 이동식 침대 같은 것을 가지고 다니다가 취침 시 바닥에 펴고 잤다) 객실과 같은 사랑방에는 조선인 조력자와 마부 가마꾼들이 한방에서 간신히 모로 누워 칼잠을 잔다. (안방까지 내준 주인집 가족은 이웃집에 가서 하룻밤을 지낸다.) 주막집 방에는 모기 파리, 빈대 벼룩들이 들끓고 온돌바닥, 벽, 방문 등에 발린 종이는 누렇게 바래 있고 반자도 없이 그대로 보이는 천정의 서까래는 그을음으로 까맣게 변색되어 있다.

코쟁이 선교사의 송도 사역

다음 날 일행은 나룻배를 타고 임진강을 건너 20마일 떨어진 송도로 갔다. 선교지에 도착하면 선교사 부부가 하는 일은 내담자(inquirer)를 만나는 것이다. 1888년에 발생한 외국인들이 유아를 납치해 죽여 약을 만든다는 일명 '영아 소동 사건(baby riot)'과 조선 정부에서 미국 공사관에 전도 금지를 요청한 포교 금지령이 아직 유효하기 때문에 군중을 상대로 설교를 하거나 공개적으로 전도 행위를 할 수는 없었다.

송도는 선교의 옥토였다. 언더우드 선교사는 내담자들과 상담을 하면서 한글로 된 전도지, 교리문답, 쪽복음 마가복음서 언해 등을 유료로 판매한다. (무료로 나누어 주면 귀한 줄을 모른다.) 그리고 릴리어스 박사는 내담자와 그 가족들을 진료하고 그 결과에 따라 가지고 간 약을 역시 유료로 판매한다.

송도에서 진료하는 동안 매일 수백 명의 군중이 몰려와서 숙소지 주변을 에워싸고 서로 들어오려고 하는 바람에 관아에 부탁해서 문간에 나졸들을 배치해서 출입자를 적절히 조절하도록 부탁했다.

숙소지 안 마당에 한 번에 50명 단위로 입장시키고 선교사는 서적을 팔고 부인은 진료를 하였다. 몇 달 동안 북부 여행을 하면서 쓰려고 준비한 선교 책자와 약품이 송도에서만으로도 벌써 많이 소모가 되었기 때문에 이내 사람을 서울로 보내 추가분을 더 가져오도록 하였다.

"양귀(洋鬼)가 나타났다" — 평양 시민들의 살벌한 환호

선교사 일행은 다음 선교지로 대동강을 건너 평양성 내로 들어갔다. 일행이 평양 대동문 안에 들어서자 왁자지껄 사람들의 소리가 나며, 컴컴할 때 나타난 양귀(洋鬼: 서양 도깨비) 행렬의 뒤로 수많은 사람들이 몰려들기 시작하였다.

그림 9[30] 대동강을 건너다.

평양은 1866년 미국 배 제너럴셔먼호가 영국 선교사 토마스 목사를 싣고 대동강을 거슬러 평양에 들어왔을 때 제너럴 셔먼호를 화공으로 불태우고 선원을 몰살시킨 곳이다. 미국은 제너럴셔먼호 사건의 책임을 묻는

---

30) Lillias Horton Underwood, *Fifteen Years Among the Top-knots*, American Tract Society, 1904, p.45

다는 명목으로 1871년 아시아함대 사령관 로저스 제독을 보내 강화도를 침공하게 하여 조선인 350명을 죽였다(신미양요).

조선 백성들에게서 양이(洋夷: 서양 오랑캐)에 대한 적개심이 남아 있을 수 있다. 이런 분위기에서 평양에 이상한 복장을 한 양귀, 그것도 여자 양귀까지 함께 나타났으니 평양 군중의 적개심과 호기심은 극대화되어 있었다.

상황이 이러니 선교사 일행을 들였다가 무슨 불상사라도 날까 하여 여관집마다 손사래를 치면서 선교사들을 받아들이려 하지 않았다. 그러나 얼마 지나지 않아 인심 좋은 주막집 주인을 만나 여장을 풀 수 있었고 따라다니는 성난 군중은 뒤늦게 연락을 받고 관아에서 나온 군졸들에 의해 점차 진압이 되어, 일행은 송도에서와 비슷한 방법으로 선교와 진료 사역을 진행할 수 있었다.

그림 10 호기심 어린 눈으로 선교사 일행을 구경하는 거리의 시민들

무법천지에 가까운 북한 오지의 현실

다음 운산(雲山) 고을에 갔을 때 이곳 현령(縣令)은 출타 중이라 없었다.

선교사 일행이 지방 도시에서 숙박하는 방법의 표준은 이러하다. 조정에서는 외부대신 명의로 지방 관장(官長)에게 선교사들이 선교 여행 시 여권(passport)을 내보이면 협조를 해 주라는 공문(통행증: 護照[31])을 발급해 준다. 선교사들에게 있어 이 여권이 마패(馬牌)와 같은 역할을 하는 것이다. 즉 지방의 관아나 역참(驛站)에서는 중앙의 관리가 공무로 여행을 할 때 공무 여행 증명서와 같은 역할을 하는 마패를 제시하면, 숙식과 교통의 편의를 제공하게 되어 있는 것이다.

선교사들이 지방관아에 이르러 외부대신의 공문과 여권을 제시하면 지방 관서장은 아낌없이 선교사들을 도와주어야 하는 것이다. 즉 관아에 객사(客舍)가 사용 가능하다면 빌려주고, 객사 사용이 가능치 않다면 적당한 주막에 묵게 하면서 선교사 숙박지 주변에 불필요한 잡인들이 접근하는 것을 막아 주는 것이다.

그런데 운산에 갔을 때는 관서장은 어디로 가고 없고 호기심 많은 지역 주민들이 코쟁이 서양 사람 선교사, 특히 릴리어스와 같은 서양 여자를 무슨 동물원의 원숭이 보듯이 구경하려고 모여들었다. 밤에 잠은 그럭저럭 잤는데 아침에 숙소를 떠나서 다음 행선지로 가려고 하자 호기심 많은 동네 건달들 중 한 명이 릴리어스를 보려고 방문을 벌컥 열고 목을 디밀어 들여다보는 것이었다. 이것을 보고 주막집 마당을 가득 채우고 있던 동네 건달들이 환호성을 치면서 릴리어스 방 쪽으로 밀려 들어오는 것이었다. 이때 힘센 가마꾼이 릴리어스 방문을 열고 들어온 남자의 상투를 잡고 마당에 패대기침으로써 사태를 진정시킬 수 있었고 더 이상의 불상사는 일어나지 않았다.

---

31) 고종 때 외국인에 대해 외아문(外衙門: 외무부)에서 발급하던 일종의 여행 허가증

부부의 방 창호지를 뚫고 들여다보는 오지의 미래 교인들

다음에 도착한 기착지에선 현지 지방관이 외국 여권이 무엇이며 그것을 소지한 외국인 선교사에 대한 업무 협조를 어떻게 해야 되는지에 대한 기본 상식이 전혀 없는 사람이었다. 외국인 선교사 일행의 선교 사역에 있어 현지 지방관의 협조는 무엇보다도 중요한 것이다. 기착지에서는 우선 지금까지 타고 오던 조랑말을 쉬게 하고 그동안 쉬고 있던 새 말로 교체해야 한다. 또 그런가 하면 다음 일정에 사용할 돈, 식량 등도 구해야 한다.

그런데 우물 안 개구리인 지방관이라는 사람이 그것을 모르는 사람이니 잘못하면 선교사 일행은 노숙을 할 판이다. 그래서 조선인 조력자를 보내 이 선교사가 미국 여권 소지자이며 외부대신의 특별 협조 공문까지 휴대한 사람이라고 설명을 하니 이 지방관이 전혀 못 알아듣고 아무것도 협조할 수 없다고 하는 것이었다.

하는 수 없이 언더우드는 자기가 무슨 스페인의 마초나 되는 것처럼 말에서 내려서 지방관 앞으로 다가가 여권과 호조를 흔들어 내보이고 도장 찍는 시늉을 하면서 만일 안 될 때는 마음대로 하라는 듯이 여권과 공문을 땅바닥에 패대기쳤다. 그제야 겁먹은 지방관은 일행에게 숙소도 제공하고, 돈과 나귀도 지원하여 주었다.

거기서 숙소가 정해졌다고 일이 끝난 것은 아니었다. 허름한 숙소에서 선교사 부부가 간단한 저녁 식사를 하고 있는데 어느새 지역 주민들이 소문을 듣고 몰려와 방을 에워싸고 낄낄거리면서, 손가락에 침을 발라서 방문의 창호지를 뚫고 들여다보는 것이었다.

그러나 이들의 무구한 호기심이 그렇게 나쁜 것이라고만은 할 수 없을 것이다. 호기심이 많은 만큼 언젠가는 이들이 복음에 관심을 가질 가능성

도 많기 때문이다.[32]

백두산 호랑이 덫(함정) 골짜기에서 허니문 데이트

묘향산 아래 깊은 산간 오지의 고을 희천(熙川)에 갔을 때는 한 여자 환자가 서양인 의사 선교사가 온다는 소문을 듣고 16마일 밖에서 와서 진료를 받고 약을 타 가기도 했다. 선교 여행을 하여 보면 확실히 몸 구원이 영혼 구원보다 빠른 효과를 나타낸다.

묘향산의 북쪽 비탈 산간 마을에는 사람들이 초가집 대신에 통나무로 된 귀틀집을 짓고 산다. 귀틀집의 울타리는 사람 키의 두 배 높이 되는 통나무 기둥을 끝을 뾰족하게 깎아서 촘촘히 세워 놓는 구조다.[33] 왜 그럴까? 여기는 호랑이가 출몰하는 지역이다. 그러니 야간에 그들의 주거가 호랑이로부터 급습당하지 않게 하기 위하여 울타리를 이렇게 성벽을 쌓듯이 견고하게 세우고 있는 것이다. 실제로 이 마을 산간 골짜기에는 군데군데 호랑이 덫(함정)이 구축되어 있고, 호랑이 전문 포수들이 덫을 지키며 호랑이잡이를 하고 있었다.

평안도의 땅끝 강계에서

선교사들의 다음 기착지는 강계(江界)였다. 강계 읍성은 평안북도의 맨 끝 쪽에 있으며 묘향산맥을 완전히 벗어난 평지이고 압록강에 가까운 지역이라 호랑이가 출몰하는 산간 지역과는 분위기가 한결 달랐다. 강계의

---

32) Lillias Horton Underwood, *Op. cit.*, 1904, pp. 51-52
33) *Ibid.*, p.54

인구는 10~20만 정도 되었다.

 이 지역의 관장(官長)은 명성황후의 인척이 되는 사람인데, 릴리어스 선교사가 왕궁에서 황후를 진료할 때, 거기서 만난 일도 있는 사람이었다.

 강계 부사는 선교사에게 말했다. 이 지역을 다스리는 데 있어서는 관장의 위엄과 권위가 매우 중요하다고. 왜냐하면 이 지역은 국토 중심에서 많이 이격되어 있고 기질이 거친 다종의 사람들이 섞여 사는 곳이며, 압록강 변 중국과 가까우면서도 토질이 척박한 오지 지역이라 시쳇말로 하면 강한 카리스마가 없으면 안 되는 지역이라는 것이다.

 이 관장은 쇼맨십이 좀 강한 사람이라 선교사 일행이 강계 성에 접근할 즈음 환영 호위 병력을 편성하여 성문으로부터 3마일 밖에까지 나가게 하여 일행을 맞아들였다. 그리고 성문을 1마일쯤 남겨 놓고는 호위대는 더 큰 규모로 증강되고 곁들여 대규모 취타대까지 나와 하늘 높이 영기(令旗)를 펄럭이며 북장구와 나팔을 울려 대는 것이었다.

 선교사들은 이 요란한 환영이 선교 사역에 직접 도움이 되는 것은 아니었지만 이 조선 땅 오지에서 이제 처음 발을 들여놓는 그리스도의 복음을 호의적으로 영접하는 환호라고 생각하기로 했다.

 강계에서는 마침 괴질이 발생하여 지역을 휩쓸고 있었다. 인근 각지로부터 환자들이 몰려와 릴리어스의 진료대 앞에는 이른 아침부터 저녁까지 긴 행렬이 끊임없이 이어지고 있었다. 릴리어스는 이들을 무료로 진료해 주었다.

 강계에서는 의료 사역은 아주 잘되었는데 선교 사역은 전혀 안 되었다. 내담자가 거의 없었다. 지역에 따라 주민들의 기질이 다 달랐는데 아마도 이 지역 주민들은 외부인에게 자기의 속마음을 내보이는 것을 꺼리는 사람들인 것 같았다. 어쨌든 씨앗은 심었으니 언젠가는 거둘 날이 있으리라.

강계에서 다음 기착지로 가는 길에는 두 가지가 있었다. 산지를 피해서 멀리 돌아가는 길과 험준한 산과 골짜기를 넘어서 가는 지름길이 그 다른 하나이다.

선교사 일행은 시간의 절약을 위해서 산을 넘어가는 지름길로 가기로 하였다. 원래 이 길은 악명 높은 길이다. 탈주한 범죄자들이 몸을 숨기며 웅거하는 곳이며 산적 떼가 무시로 출몰하는 곳이다.

강계 부사는 선교사 일행에게 포교 한 명과 포졸 한 명을 붙여 주었다. 그러면서 산적 떼나 불량배들이 이 경관들 앞에서는 꼼짝 못 할 줄 알았다.

산간 오지의 간이 역참

일행은 험준한 산길을 꼬박 하루 걸려 걸어서 저녁때 한 산간 마을에 도착했다. 이곳은 원래 정부 관리 등 공무 여행자가 묵어갈 수 있는 간이 역참(簡易驛站)이 있는 곳이다. 간이 역참이란 지방 관리의 하나인 정식의 역원(驛員)이 상주하면서 관리하는 것이 아니라 일부 시설은 나라가 지어 주지만 역의 운영은 현지 주민에게 위탁해서 필요할 때 운영되도록 하는 역을 말한다.

선교사 일행이 이 마을에 도착해 보니, 여기는 지나가는 공무 여행자가 거의 없어서인지 현지인 역참 겸직인들이 다 어디로 가 버리고 텅 빈 역사에 거미줄만 쳐 있고 마당엔 수북한 탑세기들이 널려 있었다.

선교사 일행은 다른 선택이 없기 때문에 여기서 하룻밤 묵기로 하고 일단 화덕에 불을 피우고, 말죽도 쑤고, 조선인 일행을 위하여 밥도 지었다. 그러고 있노라니 어디로 멀리 갔던 마을 사람들이 하나둘 되돌아왔다. 그렇게 해서 마을 사람들의 뒤늦은 도움도 받으며 거기서 하루를 묵었다. 그리고 다음 날 이른 아침 다음 기착지를 향하여 출발하였다.

일행은 다음 기착지까지 빨리 가기 위하여 행군 팀을 둘로 나눴다. 선교사 부부와 강계에서부터 따라온 포졸 1명이 1진이 되어 먼저 출발했다. 다음으로 선교조력자, 포교, 짐 싣는 말(負運馬), 마부 등이 2진이 되어 조금 늦게 출발했다. 어차피 부운마(負運馬) 등이 있는 2진의 행군 속도가 느릴 것이기 때문에 1진이 먼저 가서 식사와 말먹이 등을 주문해 놓아야 하기 때문이었다.

산적 떼의 습격을 당하다

예정대로 1진이 먼저 도착하여 꽤 괜찮은 주막을 하나 잡아 놓았다. 그러나 나중에 안 사실이지만 이삼십 명으로 구성된 산적 떼가 선교사 일행이 간이역을 출발할 때 숨어서 선교사 일행을 털 준비를 하고 있었던 것이다. 1진과 2진으로 나누어 출발해서 그들의 함정에 빠지게 된 것이다.

그들은 가만히 숨어 있다가 1진이 먼저 출발하여 보이지 않게 되었을 때 2진을 급습하였다. 도둑들은 2진을 습격하여 말에 실린 짐과 말 한 필을 뺏으면서, 마부를 결박하고 그가 자기네 물건을 훔쳐 갔기 때문에 이를 되찾기 위해 쫓아왔다고 하는 것이었다.[34]

험상궂게 생겨 가지고 손에 몽둥이 하나씩을 들고 다니는 도둑 떼들은 주막 안마당까지 몰려 들어와 마부와 언더우드 선교사, 포교와 포졸, 그리고 선교조력자를 둘러싸고, 그 마부가 그들의 돈과 모자와 밥그릇을 훔쳤으니 빨리 내놓으라고 으름장을 놓는 것이었다.

언더우드 선교사는 이들에게 말했다. 내가 알기로 이 마부는 아무것도 훔친 것이 없으니 그의 손에 묶은 포승을 풀고, 모두 함께 가장 가까운 관

---

34) *Ibid.*, p.67

아의 수령에게 가서 그의 조사와 판단을 받아 보자고 얘기했다. 도둑 떼들이 언더우드의 말을 순순히 들을 리가 없다. 짐과 사람을 되찾고 싶으면 돈을 내놓으라고 하는 것이었다. 언더우드는 단연코 그럴 수 없다고 거절하고 포졸에게 마부의 포승을 끊어 버리라고 명령했다. "대인께서 명하시니 그리하겠습니다" 하면서 마부의 포승을 끊어 버리자 도둑들은 언더우드와 포졸과 마부를 향하여 일시에 몰려들었다. 언더우드가 푸시 아웃 자세로 맨 앞의 도둑을 밀쳐 내자 뒤에 있던 놈들도 뒤로 밀리며 세 사람 좌우에는 약간의 공간이 생겼다. 그러나 그것도 잠시뿐이었다.

중과부적이라 세 사람이 수십 명을 당할 수는 없었다. 도둑들은 언더우드의 뒤로 가서 어깨 밑으로 팔짱을 끼는 바람에 언더우드는 무력화됐다.

조선 오지에서 산적 떼에게 잡혀 고문? 순교?

도둑들은 언더우드의 등 뒤에 숨어 있던 마부를 재탈취하여 끌고 다시 어딘가로 가 버렸다. 선교사 일행은 두려움과 무력감에 맥을 놓고 주저앉아 있을 수밖에 없었다. 얼마나 시간이 지났을까, 와자지껄 인기척이 나더니 도둑 떼가 다시 나타나 이번에는 포교를 우악스럽게 잡아끌고 다시 어딘가로 가 버리는 것이었다.

돈을 내놓을 때까지 그렇게 하겠다는 수작이었다. 얼마 후 또다시 와서 도둑 떼는 이번에는 다른 마부 한 사람을 끌고 갔다. 선교사의 피를 말리듯이 이렇게 한 사람씩 끌고 가다가 마침내, 선교사 부부와 포졸 한 명, 세 명만 남게 되었다.

다음 차례는 언더우드? 언더우드 부인? 이것은 정말 비극이 될 것이다. 이 조선의 험악한 오지에서 서양 선교사가 그것도 여자 선교사가 고문, 순교? 그 어떤 시련이 오더라도 속수무책으로 당할 수밖에 없을 것이다.

　법보다 주먹이 가까운 것이다. 여기서는 가까운 관아라도 몇십 리는 가야 있다. 사실 언더우드 주머니에는 호신용으로 리볼버 권총 한 자루가 들어 있었다. 만약 권총을 사용하지 않으면 안 될 상황이 오더라도 이는 어디까지나 호신용이지 상황의 근본적 해소를 위해서 도움이 될 수 있는 것은 아니었다.

　독 안에 든 쥐처럼 오들오들 떨고 있는 선교사 일행에게 이 강도들은 말했다. "우리가 몇 년 전에 일본군 장교 한 명도 죽였는데 그때 아무 일도 없었어. 우리는 신출귀몰하기 때문에 관아에서 우리를 잡으려야 잡을 수도 없어."

　그나마 조금 다행인 것은 마을 사람들이 일행에게 와서 말하기를 떼강도가 조선 사람 선교사 수행원들을 잡아갈 때는 다들 묵인하고 있었지만 선교사나 그 부인의 목숨에 손을 댔다가는 조정에서 직접 나와서 이 마을 주민 전체를 하옥시킬 것이기 때문에 선교사 부부를 손대서는 안 된다고 말했다는 것이다.

　마을 주민들과 강도들은 서로 아는 사이가 아니지만 인근에서 오래 살고 있는 터수라 강도 중에 한두 명의 신원은 마을 사람들이 알려면 알 수도 있는 사람들이었다. 주민들(주막집 주인)이 가진 이 생각은 강도들도 암묵리에 인정하고 있는 것 같았다.

　강도들은 일행에게 다시 올 테니 그때까지 꼼짝 말고 있으라고 엄포를 놓은 뒤 또 떠나갔다. 이 틈을 이용하여 한시라도 빨리 주막을 떠나 가장 가까운 관아를 찾아가는 것이 상책이라는 결론이 났다.

강도의 재습격이 임박한 순간에도 환자를 진료

　부랴부랴 넘어가지 않는 목구멍에 아침 식사 같은 것을 욱여넣은 채 가지고 갈 짐만 대강 챙기고 나머지 짐은 주막집에 맡기고 길을 나서려고 하는데, 엎친 데 덮친 격으로 2~3명의 마을 사람들이 와서 "의사 선생님, 길이 바쁘신 줄 알지만 제 아내가 지금 숨이 넘어갈 지경이니 제 아내에게 약을 좀 지어 주고 가십시오" 하고 부탁을 한다.
　지금 상황은 진퇴양난이다. "지금 우리가 살기 위해서 바로 떠나면 마을 사람들이 죽을 것이고, 우리가 남아서 마을 사람들을 살리다간 우리가 죽을 수도 있다."
　언더우드 선교사는 다음과 같이 말했다. "이 환자들은 우리의 도움을 진정으로 필요로 하는 사람들이다. 이들의 목숨은 우리들의 손에 달려 있다. 우리가 예수님의 종으로서 이들을 버리고 갈 수는 없다."
　릴리어스 박사는 진료하기로 결정하였다. 순간 이들의 질병이 전염병이 아닐까도 염려되었다. 그러나 모든 것을 주님께 맡기고 그녀는 이 환자들의 눈과 귀를 만지고, 목구멍을 들여다보고 필요한 진료를 다 하였다. 그리고 이제 다 하였나 하고 끝내려는 참에 다른 환자가 또 들어왔다. 아까와 똑같은 짧지 않은 시간 동안 두 번째 환자의 진료가 끝날 무렵 세 번째 환자가 또 들어왔다.
　비록 선교사 자신의 목숨이 경각에 달려 있을지라도 진료를 소홀히 할 수는 없었다. 환자가 들어오면 릴리어스는 진단과 처방을 하고 언더우드는 처방에 따라 약을 지어 주었다. 밀려오는 환자들에게 만족할 만한 진료를 다 베풀고 나니 시간이 어느덧 오후 2시가 되었다. 일행은 25마일(100리) 떨어진 위원(渭原) 읍성을 향하여 주막을 떠났다. 마을 동구 밖을 벗어날 무렵 일행이었던 포교가 길가에 쓰러져 있는 것을 발견하였다. 그는 떼도둑한테 거의 죽을 만큼 두들겨 맞아 몸을 못 가누고 있었다. 선교사는 어려운 선택을 하여야 하였다. 그를 데리고 관아까지 가려면 당일 관아에 도착하는 것은 포기해야 한다. 빨리 관아에 가야만 도둑들에게 억류되어 있는 다른 일행도 구출할 수 있다. 릴리어스는 그 포교를 응급처치만 하고, 마을로 가서 은신하고 있으라고 당부하였다.

위원 읍성에서 한숨 돌리다

험준한 산길 100리를 걸어서 밤 9시 무렵에야 일행은 위원에 도착할 수 있었다. 성을 지키는 현령은 서울서 내려온 사람으로 언더우드 선교사와도 안면이 있었던 사람이었다.

언더우드는 현령에게 떼강도 사건의 자초지종을 말하고 그들에게 억류된 인원과 짐을 되찾아야 된다고 말했다. 현령은 알았다고 말하고 즉석에서 수색대를 조직하였다. 수색대는 그 산악 지대에 대하여 잘 아는 포수들과 포교 포졸들과 읍내의 장정들로 구성되었다. 현령은 수색대에게 3일 내로 선교사 일행을 공격한 산적들을 체포하고 인원과 짐들을 회수해 오도록 엄명을 내렸다.

며칠 후에 선교사 일행이 빼앗겼던 박스를 짊어지고 떼강도 중 일부가 붙들려 왔다. 거기에는 선교사 조력자, 마부 등이 억류되어 있었는데 이들은 강도들에게 몽둥이로 죽도록 맞아 움직일 수가 없었고 움직일 수 있을 정도로 몸이 회복된 뒤에야 돌아왔다. 체포된 강도들은 평양의 감영으로 이송되어 중형에 처해졌다.

선교사 일행을 구출해 준 위원 읍성은 압록강에서도 멀지 않은 곳이다.

현령의 특별한 환대도 있었거니와 한 명 두 명 합류하게 되는 조력자들 마부들의 몸이 회복되어야 여행을 계속할 수 있기 때문에 그런 시간을 기다리는 동안 언더우드 선교사는 현지의 내담자들을 규합하여 현지인 접장(Leader)을 세우는 등 선교 사역을 계속했고 릴리어스 의사는 아픈 사람들의 몸과 마음을 보살펴 주었다.

선교사 일행의 최종 목적지는 의주(義州)였다. 의주까지의 여행은 압록강을 타고 내려가는 하운(河運)을 이용하기로 하였다. 선교사 일행은 위원을 출발하여 초산(楚山)현에 들렀다가 압록강으로 가서 의주까지 가는 바지선을 이용하기로 하였다.

바지선을 타고 압록강을 내려가다

초산에서 의주까지 가는 압록강의 물살은 급류였다. 대신에 빨리 갈 수 있게 해 주니 좋았다. 선교사 일행이 탄 배는 바닥이 넓은 돛배로서 길이는 30피트 폭은 3피트쯤 되었다. 선교사 부부와 조선인 수행원들이 탔고, 당나귀에 실었던 짐도 배에 실었다. 압록강 운항은 3박 4일이 걸렸는데 낮에는 종일 배를 타고 내려가고 저녁때는 나루터에 배를 세우고 인근 마을에서 식량을 구입하는 한편 배 안에서 숙박을 하는 것이다. 나루터에 배를 댈 때는 언제나 예외 없이 구경꾼들이 몰려들었는데 이들은 귀찮은 존재이기도 하지만 구경꾼들이 있으므로 언더우드는 문서도 팔고, 릴리어스는 병도 고쳐 줄 수 있었으니 다 하나님의 은혜가 아닌가 한다.

4월 27일 저녁 무렵에 일행은 의주에 도착하였다. 의주에다가는 아무에게도 사전 연락을 하지 않았기에 관아에서 에스코트단이 나오지도 않았고 풍악도 울리지 않았다.

의주는 강 건너 만주의 심양에서 사역하던 로스(Ross) 선교사와 탁월한 토착 선교인 서상륜(徐相崙)의 영향으로 기독교 신자와 기독교 신자가 되고 싶어 하는 사람들이 많은 지역이다.

언더우드는 개인적으로도 의주 또는 평양에 제2 선교센터(Substation)를 세워 볼까 하는 생각 때문에 관심이 많은 지역이다. 의주에 오기 전 평양을 지나칠 때 조선인 신자 이 씨(Mr. Yi)와 이 문제를 상의한 일이 있는데 이 사람은 선교사 일행이 의주에 도착하자마자 선교사와 상의도 없이 자기가 살던 집을 팔아 제2 선교센터 부지가 될 만한 집을 덜컥 사 버렸다.

그러나 그것은 그렇게 경솔하게 결정할 문제가 아니었다. 의주에 제2 선교센터(선교사가 순회 선교 시 묵기도 하고 인근 지역의 신자들을 지속적으로 관리할 현지 책임자를 주재시킬 수도 있는 거점)를 마련한다면 선교사가 그만큼 의주에 자주 와서 충분히 많은 신자들을 확보한 상태에서 선교 활동을 할 수 있는지의 입지 문제에 대한 검토가 선행되어야 한다. 그런데 그런 것에 대한 검토에 착수하기도 전에 덜컥 일을 저질러 버린 것이다.

언더우드는 경솔하게 행동한 이 씨를 나무라고 현재로서는 제2 선교센터를 의주에 건립할 의지가 없으니 선교부지 계약을 해약하고 팔아먹은 집을 되찾아 늙은 부친과, 아픈 아내와 자녀들을 건사하도록 했다.

다행히 당시 조선의 법에는 부동산을 계약한 지 10일이 되기 전에는 해약할 수 있고 해약 시 약간의 위약금을 지불하도록 되어 있었다.

의주의 신자들 중에는 오버(Overaction)하는 신자들이 많았다. 어떤 신자는 의주에다가 기독학교를 건립하여 그 학교의 운영을 자기에게 맡겨 달라고 하는 사람도 있었다.

의주는 조선 선교의 땅끝이자 시작점

언더우드는 의주에서 무수한 내담자를 만났다. 100명도 넘는 신자들이 기독교에 관심이 많다고 하면서 세례받기를 원하고 있었다.

그렇다고 아무에게나 세례를 베풀 수는 없는 노릇이었다. 백여 명 모두가 성경과 교리 책자를 나름대로 열심히 공부하였고 기독교의 핵심 진리에 대한 지식도 많았다. 신구약성경이 각각 몇 편으로 되어 있으며 그중에서 각 편은 모두 몇 장으로 되어 있는지를 줄줄이 대며, 어느 성경에는 몇 명의 인물이 등장하며, 어느 성경에는 하나님, 또는 그리스도라는 단어가 몇 번 나오는지를 기억했다가 자랑스럽게 사람들 앞에서 피력하는 사람도 있었다.

그러나 선교사가 찾는 올바른 신자는 성경에 대한 지식이 많은 신자가 아니라 마음속에서 진심으로 주님을 받아들인 사람이었다. 그리스도가 나를 위하여 십자가에서 돌아가셨음을 그대로 믿고 그 믿음의 결과로 심중으로부터 자신을 변화시킨 사람들이었다.

이러한 기준으로 심사한 결과 100여 명의 후보 중에 33명이 최종적으로 선발되었다. 당시 조선의 법으로는 조선의 영토 내에서 외국인 선교사가 조선인에게 세례를 베풀 수 없었다. 그래서 선교사는 이들을 데리고 압록강을 건너 중국 땅으로 데리고 가서 세례를 베풀었다.[35]

의주에서 서울로 돌아오는 길은 서울에 가서 해야 할 일들이 너무 많기 때문에 이곳저곳 지방을 에두르지 않고 직선으로 되돌아왔다. 1889년 3월 14일 서울을 떠나 5월 중순에 되돌아왔으니 장장 두 달에 걸친 여행이

---

35) *Ibid.*, p.87

었고, 답사한 총거리는 1,000마일(1,600km)쯤 되었다. 600명 정도의 환자들에게는 직접 진료가 베풀어졌고 신앙, 건강 등 다양한 주제로 선교사 부부와 상담을 나눈 백성의 수는 부지기수였다.

언더우드는 2~3회에 걸친 조선 북부지방 순회 전도의 경험을 바탕으로 조선 선교의 바람직한 모형을 구축하게 되었다. 그것은 '네비우스(J. L. Nevius) 선교 방식'[36]을 따르는 것인데 즉 선교 현지에 교회를 세워 교회가 자치 정신을 가지고 자립 운영을 하며 자력 전도의 사명을 갖게 한다는 것이다.

위와 같은 언더우드의 3차 조선 오지 선교는 너무나도 무모한 모험이었다고 생각한 주한 미국 공사는 언더우드가 서울에 도착하자마자 언더우드에게 차후 국내에서의 일체의 설교 금지 명령을 내렸다.

이후 언더우드는 자의 반 타의 반으로 '조선'이라는 나라에 대한 연구, '조선인'들의 심성(그들의 잠재력)에 대한 연구, 앞으로의 선교 사역에 대한 구상, 잃어버린 양들을 찾아 우리에 들이는 '개인 전도', 토착 사역자들과 조력자들의 양성과 지도 등에 주력할 수밖에 없었다.

언더우드의 최고의 내조자 릴리어스 박사는 "환자들을 최선을 다하여 잘 고쳐 주고 보살펴 주는 것이 나의 입장에서 내 남편 언더우드의 사역을 가장 효과적으로 도와주는 길"이라는 신념으로 진료와 선교에 매진할 수밖에 없었다. [37]

---

[36] 네비우스(John Livingston Nevius)는 미국 북장로교회 소속 중국 선교사로 산동성 지푸에서 선교 사역을 하고 있었다. 그는 자신의 생생한 경험을 통하여 중국 선교의 바람직한 방식을 정립한 바 있다. (1886년에 *Method of Mission Work*라는 책으로 출판.) 조선의 교계(언더우드 중심)에서는 네비우스의 방식이 조선 선교에도 적용되어야 할 바람직한 모델이라고 보고 1890년 네비우스를 초청하여 여러 날 동안 강의와 세미나를 열어 이를 전수받아 조선 선교에도 적용하였다.

[37] Lillias Horton Underwood, *Op. cit,* 1904, p.76

4장

종교, 의료, 교육의 기틀을 세우다

새문안교회[38]를 건축하다

사랑방 교회가 설립된 지 7년 후 1895년 봄 정동에서 교회 건물의 신축이 시작되었다. 당시의 정동 사랑방 교회(서대문교회)의 신도들은 대부분이 가난하기 짝이 없는 서울의 하층민이었다. 그들의 직업은 도배장이, 목수, 소상인, 농군, 나졸, 병졸, 역관, 대서인, 필경사, 가마꾼, 과수원지기, 행상인 등이었고 그중에서도 벌이가 좋다는 사람이 한 달에 5달러 정도의 수입밖에 안 되었다. 이러한 판국에 현지 조선인 신도들의 힘으로 교회를 건축한다는 것은 생각할 수조차 없는 일이었다. 200명 정도를 수용할 수 있는 교회 건물을 신축하는 데 드는 비용은 2천 원(圓)으로 추산되었다. 처음에는 2천 원이 되는 건축비 거의 전부를 선교사들이 출연하고 나머지는 내국인 신도들이 힘닿는 데까지 조력하기로 하였었다.

언더우드 목사가 이 문제를 신도들과 상의하자 신도들의 대표 격인 집사가 이렇게 말했다.

"교회를 저희의 힘으로 짓겠습니다."

---

[38] '새문안'에서 '새문'이라는 명칭은 '숭례문(崇禮門), 흥인문(興仁門)보다 늦게 세워졌다는 뜻에서 돈의문(敦義門: 통칭 서대문)을 이른다, 『엣센스 국어사전』, 돈의문은 지금 없어졌다.

언더우드는 깜짝 놀랐다.

"아니 당신들이 무슨 힘으로 교회를 짓는단 말입니까?"

집사가 대답했다.

"목사님께서 저희에게 설교하셨지 않습니까? 주 안에서 하는 일은 불가능한 것이 없다(빌 4:13)고."

이렇게 된 이상 더 이상 말이 필요 없었다. 2,000원의 건축비 견적액 중에서 1,000원은 대짓값이었다. 대지를 교회 소유로 하는 것이 중요했다. 선교사들은 대짓값 1,000원을 출연하여 대지를 교회 소유로 하여 놓고 그 위에 교회 건물을 짓기 시작하였다. 언더우드와 다른 선교사 한두 명이 팔을 걷어붙였다. 어린 학생 교인들도 들것에 돌을 담아 날랐다.

양반 출신 신도들은 평소에 붓 이외에는 손으로 들어 본 것이 없는 사람들이었다. 그들도 삽자루를 함께 들었다. 목수들은 하루는 자기 생업의 일을 하고 하루는 교회 건축에 임했다. 부녀자들은 집에서 밥을 지을 때 식량을 조금씩 덜어서 성미로 모아서 건축비로 헌금하였다.

이렇게 해서 교회 건축이 궤도에 오를 무렵인 1895년 8월 서울 전역에 콜레라 감염병 사태가 터졌다.[39]

비위생적 조선 ― 콜레라의 발생

조선의 도시 지역에서는 나지막한 초가집들이 옆집과 머리를 맞대고 게딱지처럼 옹기종기 몰려 있다. 초가집들 수백 채 중에 하나씩 기와지붕을 인 집이 드문드문 있지만 그것도 납작한 초가(흙집)보다 높지는 않다.

---

39) Lillias Horton Underwood, *Fifteen Years Among the Top-knots*, American Tract Society, 1904, pp.133-134

조그만 동네 가운데로는 개천이 흐르고 개천의 양옆으로는 길이 나 있다. 개천은 말이 개천이지 각 가정에서 그대로 흘려 내보내는 하수와 변소의 오물이 그대로 흘러드는 시궁창이다.

때로 도랑으로 흘러들지도 못한 시궁창 물과 각종 오물이 길 위에 그대로 흘러넘치기도 한다. 먹다 버린 음식 쓰레기들이 골목길 바닥이나 담벼락 밑에 함부로 버려져서 썩은 냄새를 풍긴다. 우물가에서는 빨래 구정물들이 도로 우물로 흘러들기도 한다.[40]

엄마 품에 안겨 있는 어린아이들이 생오이를 그대로 씹어 먹고 익지도 않은 풋과일을 껍질째 먹으며, 허접한 부침개, 밥 덩어리를 그대로 삼킨다.

조선인의 주식은 쌀(밥)인데, 더운밥 찬밥 가리지 않고 깨끗지 않은 김치 겉절이와 함께 배를 채운다. 제대로 익지도 않은 갖가지 풋과일을 마구 씹어 먹는다.

콜레라의 창궐[41]

상황이 이러니 콜레라가 발생하지 않는다면 그것이 이상한 것이다. 1895년 콜레라가 전국적으로 퍼져 나가기 시작하였다. 이미 수천 명의 사망자가 발생했다. 병원도 없고 약도 없는 상황에서 급한 마음에 선교사들과 내국인 신자들은 주님께 이 재앙을 멈춰 달라고 합심해서 기도를 드렸다.

의사들은 자연의 법칙에 어긋나는 소망인 줄 알면서도 한여름만 잘 넘기면 초겨울 서리 내릴 무렵에는 콜레라균이 다 사라질 것이라는 소망을 피력하였다. 그러나 콜레라는 여름을 무사히 넘기지 못하고 8월 31일과 9

---

40) *Ibid.*
41) *Ibid.*, p.135

월 1일 여름 늦더위가 기승을 부릴 무렵 갑자기 기세를 떨치기 시작했다.

아침에 멀쩡하던 사람이 점심때 시체로 변했다. 한 집에서 여러 식구가 한날한시에 죽어 나갔다. 전염병은 도미노처럼 한 가정 한 가정을 쓰러뜨렸다. 사망자와 감염자 수치가 나날이 증가했다.

사태 해결을 위하여 의사 선교사들은 전국적인 콜레라 방역 비상 조치안(환자 발생 지역 간 왕래 금지 조치 등)을 마련하여 시행코자 하였다. 그러나 조선은 그런 조치를 받아들여 실천하기에는 너무 몰지각하고 무기력하였다.

방역 목적상 서울과 제물포 간 왕래 금지 조치가 논의될 때 조정의 고위 관리조차 양 지역 간 물자 교류가 정지될 거라면서 심하게 반대하고 있었다.

하지만 사태가 심각해지자 조정에서도 어쩔 수 없이 방역 비상 조치 명령을 내렸다. 조선에서의 풋사과, 참외, 수박, 오이 등의 비위생적 소비량은 엄청나다. 그래서 조정에서는 이 품목들의 판매 금지령을 내리고, 이 상품들에 대한 거래가 있을 경우, 파는 사람과 함께 중한 벌을 내리겠다고 하는 방(榜)을 전국 곳곳에 붙였다.

그러나 당시의 조선 사람들은 여러 면에서 매우 몰지각한 면모를 드러내고 있었다. 조정의 어떠한 조치들도 하급 관리들과 백성들에게 내려가서는 지켜지지를 않았다.

당시 언더우드 선교사가 목격한 바에 의하면 청과물 거래가 대량으로 이루어지는 시장 담벼락에 조정의 포고령이 붙여져 있는 상태에서도 이의 거래를 단속해야 할 포졸들이 보란 듯이 그 청과물들을 우적우적 씹고 있었다. 조선에서 사회적 기강이 이렇게 무너져 있는 것은 중하급 관료들의 몰지각과 부패 때문이다.

콜레라 방역 조치에 대한 당시 조정의 노력에 대하여 논의해 보자. 정부는 이만 원(일만 달러)이라는 거금을 비상 콜레라 방역 기금으로 내놓았다.

우선 기존 병원들에 더하여 신규로 임시 비상 콜레라 방역 시설을 확보하는 조치에 돌입하였다. 그러나 중하급 실무선에 있어서 관리들의 일하는 방식은 조정이나 선교사들을 기절초풍하게 만들기에 충분하였다.

병동 공사를 할 때 공사를 맡은 하급 관청에서는 목수들을 실제로 필요한 수의 두 배를 투입하였다. 그래 놓고 목수들은 병원 건립에 필요한 일은 안 하고 시간만 때우고 일당만 챙겨 가는 것이다. 이런 방식으로 하급 관리들은 동원된 공원들과 자재 납품 업자로부터 커미션을 챙기는 방식으로 자기들의 배를 채우는 것이다.[42]

콜레라 비상 방역 대책 위원회

이러저러한 사연 끝에 유럽인, 미국인, 일본인 의사들이 모여 서울시 비상방역대책위원회가 꾸려져 제중원 의사 에비슨이 위원장으로 선임되었다. 와중에 일본인 의사들은 '서양 것(Westerner: 제중원 의사 에비슨을 말함)' 밑에서 일하기 싫다면서 퇴장하고 미국 출신 의사들만 남아서 방역에 임하게 되었다.

이리저리 떼어 먹히고, 남은 구제 기금으로 허름한 창고 건물을 하나 구하여 환자들을 받기 시작하였다. 의료진은 간호사와 의사들이었고, 지원 인력으로 감리교, 침례교, 장로교 선교사들과 고용된 조선인 조력자들이 총동원되었다.[43]

임시 병동의 시설은 열악하였고, 아늑한 맛이 없고 건물 내부는 축축하고 추웠다. 콜레라 환자는 몸을 따뜻하게 해야 되고, 환자끼리 격리 수용

---

42) *Ibid.*, p.137
43) *Ibid.*, p.138

돼야 하는데 난방 시설과 칸막이 시설이 전혀 구비되어 있지 않았다. 최소한 병원이라면 침상과 시트와 베개 등은 있어야 하는데 이 임시 수용소에는 그것조차 없었다. 환자들은 맨바닥에 눕혀진 채, 조그마한 홑이불 천 조각을 덮고 있을 뿐이었다.

의료진이 환자 사이를 기어다니다시피 하면서 환자들을 돌보았지만 환자 수는 줄어들지 않았다. 더욱 기가 막히는 것은 조선 사람들이 서양 의학을 믿으려 하지 않고 자기들 나름의 질병 대처 방식으로 엇나가는 것이었다. 무엇보다도 조선인 환자들은 아무리 아파도 병원에 오지 않으려고 했다. 서양 의사들이 가정을 방문하여 진료하는 것도 거부했다. "신체발부(身體髮膚)는 수지부모(受之父母)라 불감훼상(不敢毁傷)이 효지시야(孝之始也)라." 부모님이 물려주신 육신에 주사기나 칼을 댄다는 것은 조선 사람에게 있어 죽기보다 끔찍한 불효였다.

환자들은 의사들이 주는 서양 약도 처방대로 받아먹으려 하지 않고 자기 나름대로의 민간 처방과 함부로 뒤섞어서 사용하기 때문에 약효도 나지 않았다.

독이 한번 신경 중심을 공격하면 다른 모든 기관들이 영향을 받고 심한 경련과 함께 온몸의 근육이 쪼그라든다. 그러면서 심장은 멈추고, 손발이 얼음장같이 차가워지면서 맥박이 정지되어 환자는 이내 죽게 된다.

기가 막힌 경우도 있다. 어느 순간 갑자기 환자의 심한 증상이 사라진 뒤, 구토와 통증도 잦아들고, 맥박도 거의 정상으로 돌아오면서 회복의 기미가 보이다가, 갑자기 반전되어 폐렴이나 요독(尿毒)에 의한 경련증, 또는 다른 후유증으로 환자가 끝내 사망하게 되는 경우가 그것이다.[44]

---

44) *Ibid.*, p.139

검역소와 구호소

콜레라 방역 비상대책위원회 활동의 일환으로 언더우드 선교사는 검역소(Inspection Office)의 운영을 맡아 일하였다. 서울 시내 5개 행정구역(동, 서, 남, 북, 중)에 검역 지소를 운영하면서 그 구역에서의 콜레라 감염자가 생기면 이를 중앙 검역소에 보고하게 하였다. 각 구에서 보고된 감염 사례에 대하여 비상대책위원회에서 최우선적으로 취급하도록 하였다.[45]

언더우드의 부인 릴리어스는 제중원장이며 콜레라 비상대책위원장이던 에비슨과 함께 제중원의 조력의사(비상대책위원회 진료소 소속 의사)의 일과 '프레데릭 언더우드 구호소'의 일을 겸하여 보았다. 1895년 8월이 되어도 환자 수는 줄어들지 않고 늘어나기만 하였다.

원래 1893년 언더우드는 죽은 형 프레데릭(1858-1891)을 기념해서 버려진 환자들을 위한 구호소(Shelter)를 개소한 바 있었다. 이 구호소는 의사와 간호사들이 교파에 상관없이 환자들을 돌보는 초교파적인 기관으로 운영되고 있었다. 1895년 여름 콜레라가 창궐하자 콜레라를 치료하는 병원으로 전환해서 웰즈(Wells) 의사, 언더우드, 언더우드의 부인, 그리고 새문안교회의 교인들이 참여해서 치료와 검역과 간호 활동을 전개했다.[46]

이 구호소는 서대문 성 밖의 높고 조강(燥彊: 땅에 물기가 없고 흙이 마르고 보송보송함)한 곳에 위치하고 있었고, 아늑한 방도 몇 개 갖추고 있었다. 또 방들은 온돌방으로 되어 있어서 필요하면 난방도 가능하게 되어 있었다.[47]

---

45) *Ibid*.
46) *Ibid*., 제1회(1912년) 조선 예수교 장로회 총회장 언더우드, 예장뉴스
47) Underwood, Lillias Horten, *Op. cit*, p.140

콜레라 환자들은 한여름에도 추워서 오들오들 떨며 맥박조차 제대로 뛰지 않아 몸을 따뜻하게 할 필요가 있었다.

이 구호소는 규모가 크지는 않았으나 다행히 환자 치료에 효과가 있어 많은 환자를 수용하여 치료할 수 있었다. 언더우드 선교사와 제중원 의사 웰스 박사는 다방면으로 구호소에서 필요한 물자와 인력을 확보하면서 환자 치료에 진력하였다. 언더우드는 의사가 아니고 선교사였기 때문에 구호소의 의료 지원보다도 행정 지원에 총력을 기울였으며 언더우드 특유의 조직력을 발휘하여 자생적 현지인 간호 인력(자원봉사자)을 육성하여 지원에 임하게 하였다.

콜레라는 지독한 질병이다. 치유자에게 '사랑의 마음'이 없다면 비참하게 신음하면서 뒹구는 환자의 고통을 덜어 주는 봉사를 할 수도 없을 것이다. 선교사들과 자원봉사자들은 엄습하는 구역질과 노역의 고통을 참으면서 그리스도의 사랑으로 환자 진료에 임하였다.

선교사들을 돕는 자원봉사자 중에는 학식이 높은 양반 출신들도 많았다. 이들은 손발을 움직여서 하는 일은 어떠한 일도 해 본 일이 없는 사람들이었다. 그렇기 때문에 언더우드에게 환자 돌보는 방법을 교육받을 때는 제대로 해낼 수 있을까? 하는 두려움에 떨었다. 그러나 그들은 일을 조금씩 배워 가면서 마침내는 최고의 간호 인력으로 변모하기 시작하였다. 믿음과 헌신으로, 아무리 힘들고 거역스러운 일이라도 마다치 않고 잘 감당해 주었다.

일과를 마치고 저녁 시간에는 의료진과 봉사자들이 구호소 중앙 광장에 모여 기도와 찬송으로 저녁 예배를 드렸다. 저녁 예배의 기도와 찬송은 온 구호소 안에 울려 퍼졌다. 우리들의 합심 기도는 하나님께 상달되었고, 구호소 안에 있는 사람들뿐만 아니라 널리 일반에게도 소문은 소리 없이 전파되어 갔다.

칭찬을 받으려고 하는 일은 아니지만

무엇보다도 봉사자들 자신이 은혜를 많이 받았다. 봉사자들의 마음속에는 믿음과 소망의 열정이 샘솟듯이 솟아올랐다.[48]

6주간의 사투 끝에 구호소에서의 회복률은 65%를 기록하게 되었다.

이 65%의 회복률은 다른 곳에서는 회복률의 수치가 아니라 사망률의 수치였다. 구호소 팀은 구호소의 이러한 성과를 다음의 세 가지 요인에서 기인한 것으로 분석하였다.

첫째로, 환자에게 발병 초기에 가능한 한 빨리 큰 봉지 분량씩 살롤(salol: 영한사전에는 방부제 성분의 약이라고 나와 있다)을 복용시켰다.
둘째로, 환자의 체온이 회복되고 혈액 순환이 되돌아올 때까지 뜨거운 바닥에 누워 있게 하였다.
셋째로, 조선인 크리스천 봉사자들의 정성을 다해서 그리고 헌신적으로 환자들을 간호하였다.

이러한 회복의 소식은 온 장안에 퍼지게 되었다.

나라에서는 콜레라에 걸렸다고 낙심하지 말고 즉각 선교사들이 운영하는 병원에 가서 치료를 받으라는 방(榜)을 시내 전역에 내붙였다. 사람들은 선교사들이 밤낮없이 환자들에게 매달려 그들을 돌보는 것을 보고 다음과 같이 말했다. "이 외국인들이 우리 조선 사람을 이렇게 사랑으로 돌보다니, 저 사람들은 우리가 동족끼리도 하기 어려운 것을 우리에게 해 주는구나!"

한 사람이 새벽 미명에 언더우드가 집을 나서 서둘러 어딘가로 걸어가

---

48) *Ibid.*, p.141

는 것을 보고 이렇게 말한다.

"저 예수쟁이 서양 사람은 밤낮없이 쉬지 않고 환자들을 돌보느라고 저렇게 뛰어다닌다는구먼!"

다른 사람이 묻는다. "그래? 그러면 그 사람은 왜 저렇게 열심히 환자들을 돌보아 주는 거래?"

그 사람이 대답한다. "그만큼 조선 사람들을 사랑하기 때문이지!"

이만하면 대성공이다. 릴리어스 언더우드 부인은 말한다. 조선 사람들이 우리가 환자들을 섬기는 모습에서 하나님을 보았다면, 우리에게 주어지는 것으로서 이보다 더 큰 상급이 어디 있겠는가?

생사의 기로에 서 있는 사람들에게 콜레라가 그들의 앞에 닥쳐온 문제들이 무엇인가를 또렷하게 깨닫게 해 주는 계기를 제공했다면 콜레라라고 전판 나쁜 것만은 아닌 듯싶다.

전염병이 거의 잦아들 무렵 조선의 외부대신 김윤식은 미국 공사 실(Sill)을 통하여 콜레라 방역 비상대책위원회 측에 감사장을 보냈다.[49]

그리고 의료 및 지원 선교사들에게 비단 한 필씩과 부채, 소형 은제 잉크 스탠드와 강화도 화문석 돗자리 1개씩의 선물이 주어졌다. 아울러 조정에서는 내국인 자원봉사자들의 명단을 올리라고 하여 그들에게 실비 보상을 해 주겠다고 하였다. 봉사자들은 동포들을 위하여 자원해서 한 일이니 어떤 보수도 받지 않겠다고 하다가 조정에서 지성으로 권하는 바람에 받기로 하였다. 그 보상액은 적은 금액이 아니었다. 여기서 또다시 기적 같은 일이 일어났다. 자원봉사자 중 크리스천 신자들은 대부분 자기가 받은 보수 전액을 교회 건설 자금으로 헌납한 것이다.

---

49) *Ibid.*, p.145

새문안교회 건축을 완료하다

사투 끝에 콜레라 방역이 완전히 성공적인 것으로 평가되어 선교사들은 조정으로부터 감사장과 함께, 선물까지 받게 되었고, 교인 봉사자들은 그들이 사양하는데도 조정에서 두둑한 노임(수고비)까지 받았다.

콜레라라는 천재를 겪은 후 새문안교회 교인들은 어느 누가 특별히 제안한 일도 아닌데 그 돈을 가지고 그들이 유일하게 해야 될 일은 교회를 완성하는 일이라고 생각했다. 주님의 말씀이 "주는 것이 받는 것보다 복이 있다"(행 20:35) 하였는데 지금이 바로 그 '줄 때'라고 생각했다. 그들 대부분은 기본 생계조차 꾸려 나가기 어려운 사람들로 하루 벌어 하루 먹고 사는 사람들인데도 어느 누구도 그 돈을 자신을 위해 쓰려고 하지 않았다. 교회를 위해 그 돈을 쓰는 것이 가장 잘 쓰는 것이라고 생각했던 것이다. 그 결과 예배당은 속히 완성되었는데 가장 아름다운 한옥식으로 좋은 기와를 사용하였고 교인들이 원하는 대로 제일 좋은 것으로 꾸몄다.[50]

1895년 12월 새문안교회 교인들은 직접 지은 새 한옥 예배당에서 감격적인 봉헌 예배를 드렸다. 사회 참여와 구제 활동 전도사역에 한창이던 이 시기에 교인 수는 주일학교 학생을 포함하여 730여 명을 넘었다.[51]

연희전문을 설립하다

오늘날 연세대학교는 1957년 세브란스 의과대학과 연희대학교가 통합

---

50) 유성종, 이소윤, 『믿음의 땅, 순례의 길』, 두란노, 2016, 27쪽
: Lillias Horton Underwood, *Underwwood of Korea*, Flemming H, Revell, 1918, p.145
51) *Ibid.*

되어 출범하였다. 여기서는 언더우드의 선교 사역과 연관된 연희 전문의 설립 과정을 잠시 되돌아볼 필요가 있겠다.

세브란스병원 또는 세브란스 의과대학의 모체는 제중원(濟衆院)이고 처음 제중원의 탄생을 이끈 사람은 미국의 의료 선교사 알렌(Horace Newton Allen, 1858-1932, 한국명 安連)이었다.

그는 미국 오하이오주 델라웨어에서 출생하여 북장로교 소속 의료 선교사로 중국에서 의료 활동을 하다가 1884년 주한미국 공사관의 공의(公醫)로 조선에 입국하였다.

알렌은 1984년 12월 갑신정변(甲申政變)의 과정에서 큰 부상을 입은 민영익(閔泳翊)을 치료하면서 궁중의 전의(典醫)로 발탁되었다. 그리고 고종에게 서양의학의 보급과 서양식 의료 기관의 설립을 건의해 제중원의 설립을 이끌었다.

제중원은 처음에 재동(齋洞)에 있던 홍영식(洪英植)의 집에 설립되었으나 1886년 구리개(지금의 을지로 입구)로 옮겼다. 1890년대 이후에는 새로 부임한 서양인 의사들이 선교 활동을 강조해 독자적인 운영권을 주장하면서 조선 정부와 갈등을 빚었고, 마침내 1894년 조선 정부는 제중원의 운영과 관리를 미국 북장로회 선교부로 넘겼다.

1904년 제중원을 인수한 미국 북장로회 선교부는 미국인 사업가 세브란스(Louis H. Severance, 1838-1913)의 기부를 받아 그 기부금을 바탕으로 세브란스 병원이 문을 열게 되었고 제중원 의학교는 세브란스 의학전문학교로 개편되었다. 이후 몇 차례 교명이 변경되었으며 1947년 6년제 세브란스 의과대학으로 개편되었다.

연희대학교(출발 때는 연희전문학교)는 1915년 미국인 선교사 언더우드의 주도로 설립된 조선기독대학(Chosen Christian College)에서 출발했다. 언더우드는 이 대학을 조선 굴지의 고등교육기관 즉 연희전문으로 출범시키기 위해 모든 노력을 다했다. 타자기 재벌이었던 그의 형 존 언더우드(John Thomas Underwood)가 토지 매입과 교사 건축 비용을 제공했다.[52]

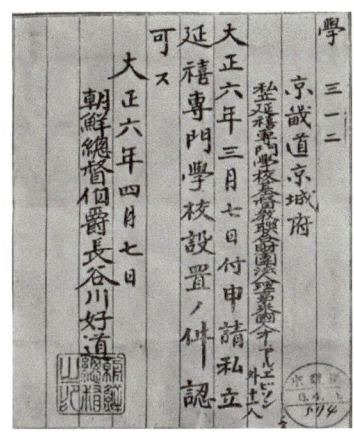 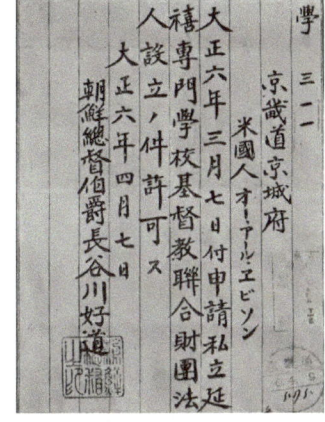

그림 11 연희전문학교 설립인가서 / 연희전문 재단 법인 설립허가서

그러나 그는 안타깝게도 1916년 타계하게 되었고 그의 사후 이 학교는 그의 동역자 에비슨(Oliver R. Avison)의 노력으로 1917년 4월 7일 연희전문학교 재단 법인 인가를 받아 개교하게 되었다.

여기서는 연희전문학교 설립 과정에서 언더우드와 뜻을 같이하여 시종 그와 동역하였고 언더우드의 사후에는 그의 유지를 이어받아 1917년 재단 법인 인가를 받아 냈고 연희전문의 설립 교장으로 봉직하였던 에비슨에 대하여 잠시 살펴보고 넘어가겠다.

에비슨 박사는 1891년 9월, 토론토에서 열린 장로교회 연맹 총공회에서 언더우드가 연설했을 때 이 연설을 듣고 조선 선교에 지원하게 되었다고 한다.[53] 에비슨 박사는 1893년 조선에 들어와 제중원 원장, 세브란스 병원 건축, 세브란스 의학전문학교 교장, 연희전문학교 교장 등을 역임하

---

52) 제1회(1912년) 조선 예수교 장로회 총회장 언더우드, 예장뉴스
53) 에비슨은 토론토대학 의과대학 교수 출신으로 의사이다.

면서 언더우드와 동역하였다.[54]

연희전문학교는 설립 이후 몇 차례 개편되었고, 1946년 종합대학교로 승격하면서 연희대학교로 교명을 변경했다. 1957년에 세브란스 의과대학과 연희대학교가 통합돼 연세대학교가 출범한 것이다.

그림 12 에비슨 박사

최후까지 최선을 다하다

연희전문학교 설립 중일 때 조선총독부의 교육령이 바뀌었다. 이 법령은 대학에서 강의를 하기 위해서는 일본어를 구사할 줄 알아야 한다고 못박고 있었다. 그때까지 언더우드는 일본어를 하지 못했기 때문에 예순 가까이 된 나이에도 불구하고 1916년 1월 초 동경에 건너가 일본어를 배우기 시작했다.

그는 하루 3~4시간씩 학교에서 일본어 연수를 받으며 동시에 2명의 일본어 독선생으로부터 하루 9시간씩 일본어를 배웠다. 동시에 미국에서

---

54) 공병호, 『이름 없이 빛도 없이』, 공병호연구소, 2018, 206쪽

조선으로 오는 선교사들이 일본에 머무르는 동안 조선 선교의 방법과 과제 등에 관하여 오리엔테이션 일정도 가졌다. 그런가 하면 재일 조선인 YMCA와 교회도 성의껏 돌보았다.

이런 강행군 속에서 그의 건강은 악화되었다. 병이 점점 깊어지자 일본 일정을 중단하고 조선으로 돌아왔다. 그의 병은 조선에 와서 머물러 있는다고 나을 수준이 아니었고 최종적으로 미국으로 가서 치료받지 않으면 안 되었다. 그럼에도 잠시 조선에 머무르고 있는 동안에도 연희전문 설립인가 건이라든가 기타 자기가 자리를 비웠을 때 시급히 이루어져야 할 일들에 대하여 관계자들과 장시간 협의를 하는 등의 일정을 보냈다.

그러다가 미국에 있는 누이의 집으로 가서 치료받기 위하여 미국으로 떠났다. 그러나 미국에서도 병세가 악화되어 의사의 권고로 그는 애틀랜틱시티로 옮겨졌다. 아내의 극진한 간호에도 불구하고 1916년 10월 12일 오후 3시 30분 언더우드는 57년간의 생을 마치고 하나님의 부르심을 받아 천국으로 떠났다.[55]

언더우드의 유해는 그가 사랑하던 한국 땅에 바로 돌아오지 못했다. 언더우드는 미국에서 서거하기 직전까지도 한국으로 돌아가기를 원했다. 언더우드의 가족들은 그 뜻을 알기 때문에 유해를 한국에 모셔 와 안장할 비용 3,000원을 마련했다.

그럼에도 당장 언더우드의 유해를 한국으로 옮기는 것보다, 언더우드의 교육 정신이 깃든 학교에 기부하는 것이 의미가 있다고 판단하여 그 돈을 새문안교회 영신학교에 기부했다.

그의 유해는 1999년에 연세대학교의 주선으로 사후 83년 만에 양화진

---

55) Lillias Horten Underwood, *Op. cit.*, 1918, pp.326-346

외국인 선교사 묘원으로 이장되었다.56)

언더우드 가족도 한국에 대한 사랑을 이어 갔다. 언더우드의 형인 존 T. 언더우드는 연희전문학교 설립을 위한 학교 부지 매입금을 기부하였다. 그리고 언더우드의 지극한 한국 사랑은 후손들을 통해 지금까지 이어져 내려오고 있다.

2세 원한경(Horace Horton Underwood, 1890-1951) 박사는 언더우드 선교사의 외아들이다. 1890년 9월, 서울 정동에서 태어나 7세 때부터 미국에 가서 공부하였고 미국에서 뉴욕대학교를 졸업했다. 학업을 마친 그는 1912년 미국 북장로교 교육 선교사 신분으로 한국에 돌아와 경신학교에서 영어 교사, 연희전문학교 교수로 일했다.

1916년 서울외국인학교 교사 에델 반 와그너 선교사와 결혼하였다. 3.1 운동 당시에는 제암리 학살 사건 등 일제 만행을 폭로하면서 조선의 독립운동을 도왔다. 1926년 연희전문학교 부교장을 지냈으며 1934년 연희전문학교 3대 교장으로 취임하였다. 1941년 일제의 탄압으로 인해 연희전문학교 교장직에서 물러났다가 1942년 5월에는 강제로 추방당했다.

해방 직후 미군정청 관리로 한국에 다시 돌아왔고 1947년 10월에는 미군정청을 사임하고 연희전문학교에 복귀하여 연세대학교가 새로 발족할 때 명예총장이 되었다. 해방 후 혼란기였던 1949년 3월, 그의 아내가 공산주의자에 의해 피살되는 커다란 슬픔을 당했다. 그는 아내를 양화진에 장사하였다. 그러다가 1951년 2월 심장병이 악화되어 타계해 아내 곁에 묻혔다.57)

3세 원일한(Horace Grant Underwood II, 1917-2004), 원득한, 원제한은

---

56) 공병호, 위의 책 참조
57) 선교사 소개, 한국기독교 100주년 기념재단

자진해서 한국전쟁에 참전하였다. 특히 훗날 한국에서 일생을 보낸 원일한 박사는 한국전쟁 당시 미국 해군 대위로, 정전 협정 당시에는 UN 수석 통역 장교로 활동하였다. 또 광주민주화운동의 실상을 해외에 알리다 강제 추방된 뒤 전두환 정권 퇴진 후 복권돼 한국으로 돌아오기도 했다. 그는 연세대 영문학과 교수, 재단 이사, 한미협회 부회장, 대한성공회 이사 등을 지냈다.

원득한은 1927년 서울에서 태어나 미국 대학에서 공부한 후에도 6.25 전쟁 동안 미군으로 참전해 육군 전략국에서 근무했고 휴전회담이 진행될 때 통역관으로 일했다. 1961년 한국 선교사로 파송을 받아 서울외국인학교에서 일하다가 1992년 65세에 교장에서 은퇴하였다가 이후 미국에 돌아가 살다가 2023년 소천하였다.[58]

4세 원한광(Horace H. Underwood, 1942-) 박사는 연세대 영어영문학과에서 30년간 교수로 재직하면서 한국인의 영어교육론에 대해 연구했으며, 한미교육위원단장을 역임했다. 또 한국인 어린이 2명을 입양해 키우면서 조부 때부터 내려온 한국 사랑을 실천해 보였다.

또 한 명의 4세 원한석은 한국에서 경영컨설턴트로 일하고 있으며 『퍼스트 무버』 등의 저자로도 잘 알려졌다.

이러한 그의 직계 자손과 여러 명의 방계 자손이 지난 130여 년간 한국에서 활동하여 한국의 복음화는 물론 한국의 교육 보건 의료 분야의 발전에 기여한 공헌은 지대하다. 복음화나 교육 의료의 발전이 한국의 폭넓은 국제화 선진화의 든든한 초석이 되었다는 점을 생각하면 저 조선 최초의 기독교 복음 선교사 언더우드의 공로는 참으로 위대하다고 하겠다.

---

58) 주간기독신문 https://www.kidok.com

2. 아펜젤러 선교사 편

1장 — 미국 감리교와 조선의 만남

2장 — 조선 근대 교육의 큰 기둥을 세우다

3장 — 조선 선교의 문을 열다

4장 — 내한 3년째, 공중 예배 시작하다

1장

미국 감리교와 조선의 만남

가우처, 감리교 조선 선교의 길을 예비하다

조선 선교사로 아펜젤러와 스크랜턴이 파송되기 전 단계에서 미국의 감리교계에서 조선 선교사를 파송할 것을 예비하는 움직임이 있었다.

예수 그리스도가 태어나기 전에 세례 요한이 먼저 태어나 주의 길을 예비하였던 것과 같은 구조라고나 할까?

미국 감리교와 조선의 우연한 만남

조선은 1882년 미국과 조미수호통상조약(朝美修好通商條約)을 맺는다. 그 이듬해 조선에서는 그 답례로 외교 사절 보빙사(報聘使)를 보낸다. 갓 쓰고 도포 입은 3인의 보빙사들은 1883년 9월 6일 샌프란시스코에 도착한 다음 대륙횡단 열차를 타고 워싱턴으로 향했다.

바로 그 기차에 미국 북감리교 소속 가우처(John Franklin Goucher, 1845-1922) 목사(볼티모어 소재 러블리 레인 연합감리교회 Lovely Lane United Methodist Church, Baltimore 담임)가 타고 있었다. 마침 조선의 보빙사 일행이 타고 있는 특별 차량에 탑승하게 되었던 것이다.

가우처 목사가 탄 차 칸의 커튼 뒤에서 영어가 아닌 낯선 나라의 언어로 두런두런 말하는 소리가 들렸다. 커튼을 열어젖히자 상투 머리에 갓을 쓰고 치렁치렁 도포를 입은 한 무리의 남자들이 있었다. 이렇게 조우한 조선의 보빙사 일행과 가우처 박사(목사)는 3일 동안 함께 열차를 탔다.

책임자인 민영익(閔泳翊, 1860-1914)과 가우처 박사는 통역을 두고 이런저런 대화를 나눌 기회가 있었다. 다음과 같은 대화가 오갔다고 한다.

가우처: 저는 조선의 역사와 문화에 관심이 많은 사람인데 조선과 미국 사이에 깊은 교류가 있었으면 좋겠습니다.
민영익: 깊은 교류가 물자의 교역을 말합니까? 민간끼리의 교류를 말합니까?
가우처: 병원을 짓고 학교 세우는 일을 마음을 다해 하고 싶은 사람들이 조선을 방문하기를 원합니다.

이 만남에서 가우처 박사는 조선에 대한 선교 가능성을 확신하게 되었다.[59]

이렇게 해서 조선 선교에 대한 확신을 갖게 된 가우처 목사는, 1883년 11월 북감리교 해외 선교부에 "조선에 선교사를 파송한다면 그 착수금으로 2,000달러를 보내겠다"라는 편지를 썼다.

이 문제는 조금 미뤄지다가 1884년 11월이 되어 북감리교 해외 선교부에 의해서 정식으로 거론되게 되었고 가우처 목사는 서신을 한 번 더 보내면서 조선 선교를 재촉한다. 이때 가우처는 전에 약속했던 2,000달러에 더하여 3,000달러의 기부금을 더 약속했던 것이다.

---

59) 공병호, 『이름 없이 빛도 없이』, 공병호연구소, 2018, 176-177쪽 참조

이에 해외 선교부는 별도로 조선 선교를 위해 8,100달러를 배정했고 이러한 움직임은 감리교계 저널인 『크리스천 어드보케이트 Christian Advocate』지의 편집진을 자극해서 한국 선교 관련 사설과 기사를 계속 싣게 하였다. 이로써 전국에서 기부금이 답지하였다.

가우처 박사는 이렇게 미국 내의 선교 기관을 고무시킬 뿐만 아니라 개인적으로 일본에 진출해 있는 감리교 선교사들에게 연락하면서 조선 선교에 대한 사전 정지 작업을 계속하였다. 마침내 북감리회 해외 선교부는 일본 선교회로 하여금 로버트 맥클레이(Robert McClay) 박사를 조선에 보내 사정을 조사하도록 하였다.

맥클레이는 미국 공사 푸트(Lucius Harwood Foote, 1826-1913)의 도움을 받아 고종황제에게, 정중한 건의서를 보냈다. 고종은 서울에 선교회가 설치되면 기쁘겠고, 의료와 교육 사업은 수용할 수 있다는 대답을 보냈다.

이로써 북감리회는 장로회와도 달리 고종황제의 정식 선교 허락을 받고 감리교 선교사를 조선에 보내게 되었던 것이다.

아펜젤러 조선을 향해 출발하다

아펜젤러(Henry Gerhard Appenzeller, 1858-1902)는 미국 펜실베니아주 수더톤(Souderton)에서 농부의 아들로 태어났다.

그는 부모의 교육에 따라 독일계 개혁교회의 신자로 성장했다. 20세(1878)가 되던 해에 필라델피아의 서쪽에 있는 랭카스터(Lancaster)의 프랭클린 앤드 마샬 대학(Franklin and Marshall College)에 입학하였다.

아펜젤러는 대학 시절 랭카스터 제1 감리교회(First Methodist Church)에 나가게 되었다. 그는 기도 모임과 조 모임에 매력을 느껴 감리교 신자가 되기로 결심했다. 또한 "내 양을 먹이라", "지극히 작은 자에게 하지 않은 것이 내게 하지 아니한 것이니라"라고 하신 말씀을 통해 영혼의 목자가 되기로 결심하였다. 대학을 졸업한 아펜젤러는 뉴저지주 매디슨(Madison) 소재 드루(Drew) 신학교에 진학하였다. 그는 신학교 재학 중 일기에 이렇게 썼다. "나에게 야망이 있다면 그것은 주님을 위해 나 자신을 온전히 헌신하는 것이다."

시간이 지날수록 선교에 대한 그의 관심은 커져 갔다. 그는 해외 선교에 뜻을 두었고 처음에는 일본 선교를 희망하게 되었다. 1881년 무렵 그의 친구 와즈워드는 '은둔의 나라, 조선'에 가서 선교할 계획을 가지고 있었다. 그런데 와즈워드가 조선에 갈 수 없게 되었다. 아펜젤러는 일본 선교 대신에 와즈워드를 대신하여 조선 선교에 나서기로 하였다.

그림 13 아펜젤러 선교사 / 엘라 닷지 아펜젤러 부인

조선으로 가는 것이 확정될 무렵 아펜젤러는 1884년 랭카스터에서 엘라 닷지(Ella Dodge)와 결혼식을 올렸다. 그리고 고향에서 크리스마스를 보내고 있을 때 그는 조선의 선교사로 임명받았다. 대학을 졸업하자 샌프란시스코까지 기차 여행을 해서 1885년 2월 2일 샌프란시스코에서 파울러 감

독에게서 목사 안수를 받은 다음 조선으로 향하는 아라빅호라는 배를 탔다.

아펜젤러는 아라빅호를 타고 감리회 의료 선교사인 스크랜턴(W. B. Scranton) 박사(나중에 이화학당을 세운 메리 스크랜턴 선교사의 아들)와 함께 태평양을 건넜다.[60]

일본에서 이수정을 만나다

이수정(李樹廷, 1842-1886)은 1882년 수신사 박영효의 비공식 수행원(신사유람단)으로 일본에 갔다. 그는 임오군란(1882) 때 천신만고를 겪으며 왕비를 시골로 숨긴 상공(賞功)으로 일본에 갈 수 있었다고 한다.

이수정은 일본으로 출발하기 전 친구 안종수를 만났다. 안종수는 이수정보다 한 해 앞서 신사유람단으로 일본을 다녀온 인물이었다. 안종수는 농업 전문가로 일본에 가서 근대 농학에 대하여 배우기 위해 일본의 농학박사 쓰다센(津田仙)을 만났다고 한다. 그런데 쓰다는 안종수에게 근대 농학에 대한 지식과 함께 기독교에 대하여 설명해 주었다.

안종수는 쓰다로부터 기독교(성경)를 직접 받아 오지는 못하고 자기보다 후임으로 가는 이수정에게 일본에 가면 쓰다를 한번 만나 보라고 소개를 해 주었다. (이수정 역시 농업과 법률의 전문가였다.) 그래서 일본에 가서 쓰다를 만났는데 이때 쓰다가 이수정에게 한문으로 번역된 신약성경을 주었다. 선물로 받은 성경을 읽는 중에 이수정은 특별한 체험을 하게 된다.

"그가 꿈을 꿨는데 키 큰 자와 작은 자 두 사람이 책으로 가득 찬 보따리를 가지고 그에게 왔고, 그는 그들에게 그 책들이 무엇이냐고 물었다. 그들은 '이 책은 당신의 나라를 위해서 그 어느 책보다 더욱 중요한 것입니

---

60) 이만열 강사, "아펜젤러의 생애와 활동"

다'라고 대답했다. 그가 '무슨 책입니까?'라고 묻자 그들은 '성경입니다'라고 대답했다. 이 이상한 꿈에 깊은 인상을 받은 그는 그 꿈을 하늘이 준 계시라고 생각하고 마음에 새겼다."[61] 이것이 이수정이 예수를 믿게 된 결정적 계기가 되었다.[62]

수신사 체류 기간인 3개월이 만료되자 이수정은 체류 연장 요청을 하고 일본에서 더 머물게 된다. 도쿄 로게츠쵸(露月町) 교회의 겸임 목사이던 야스가와 토오루(安川亨) 목사와 조지 녹스(George W. Knox) 선교사의 신앙 지도를 받았고 마침내 1883년 4월 29일 로게츠쵸(露月町) 교회에서 세례를 받았다. 세례 집전은 녹스 목사가 했고, 야스가와 목사는 보조를 하였다. 이수정의 세례는 일본에서 한국인이 받은 최초의 사례라는 점에서 역사적인 사건이었다.[63]

그림 14 이수정과 자필 신앙고백

---

61) 미국성서공회(美國聖書公會)의 일본 주재 총무로 있던 헨리 루미스(Henry Loomis, 1839-1920) 목사의 보고 서한에 실려 있는 내용이라고 함
신명호, [신명호의 한국사 대전환기 영웅들(제3부)] 근·현대 서구화와 기독교 수용의 주역들(4) 개화파 양반 이수정, 월간중앙, 202008호

62) 공병호, 앞의 책, 141쪽

63) 신명호, 앞의 글

이수정은 재일 선교사의 도움을 얻어 『세계 선교 평론』 1883년 7~8월 호에 이어 『세계 선교 평론』 1883년 11~12월 호에 간절하고도 긴요하게 조선 선교를 위해 미국 선교사들의 내한이 필요하다는 글을 실었다. 이 글을 읽고 미국 교계 지도자들이 조선 선교의 필요성에 주목하기는 하였지만 구체적 움직임이 없자 그는 『세계 선교 평론』 1884년 3월 호에는 좀 더 강력한 어조로 선교사 파송을 촉구하였다.

사도 바울이 아시아 땅인 트로이(Troi)에 있을 때 밤의 환상 중에 마케도니아 사람이 나타나서 그에게 "마케도니아로 건너와서 우리를 도우라 청하였다"(행 16:9) 하였다. 사도 바울이 환상을 통하여 성령의 인도하심을 따름으로 유럽 선교가 시작되었다. 사도행전에 나오는바 바울을 청하였던 마케도니아 사람처럼 이수정이 미국 교계에 조선으로의 선교사 파송을 간절히 요청하였던 것이다.

그의 간절한 염원이 통하였던가, 미국 북장로회 해외 선교부의 실행위원이었던 맥윌리엄스(Daniel Wilkin McWilliams, 1837-1919)가 이 글을 읽고 선교 헌금 5,000달러를 내놓으면서 조선 선교사 파송이 급물살을 타게 되었다.[64]

1884년 6월 말, 감리교 선교사인 로버트 맥클레이가 선교 가능성을 타진하려고 조선에 들렀으며, 같은 해 9월에는 북장로교 선교사 알렌이 최초의 상주 선교사로 조선에 입국하였고 마침내 언더우드와 아펜젤러는 1885년에 조선에 입국하게 되었던 것이다.

미국성서공회(美國聖書公會)의 일본 주재 총무로 있던 헨리 루미스(Henry Loomis, 1839-1920) 목사는 미국인 선교사를 통한 조선 선교를 이수정과 긴밀히 협의하며 추진하였다. 이수정은 루미스 목사의 제안에 따라 조선 선교에 쓰기 위하여 먼저 『현토(懸吐) 한한성경(漢韓聖經)』(한문 성경에 한글로

---

64) 공병호, 앞의 책, 146쪽

토를 단 성경)을 만들었다. 그는 다음으로 4복음서 중 「마가복음」을 풀이하여 『신약 마가전 복음서 언해』를 저술하였고 이를 일본 요코하마(橫濱) 미국성서공회에서 1,000부 간행하였다.

　1884년 12월, 미국 북감리교 선교사 아펜젤러와 함께 일본에 도착한 언더우드는 2개월간 이수정으로부터 한국어를 배웠다. 그리고 두 사람은 이수정이 한국어로 번역한 『신약 마가전 복음서 언해』를 가지고 조선으로 출발해 1885년 4월 5일(부활절) 인천에 도착했던 것이다.

　이로써 언더우드와 아펜젤러를 통한 미국 개신교 그리고 그들을 통한 근대 병원과 근대 학교가 공식적으로 조선에 들어오게 됐다. 이런 사실에서 미국 개신교의 조선 선교 그리고 미국 개신교를 통한 조선 근대화의 기초를 닦은 역사적 주인공은 바로 그 이름을 제대로 기억해 주는 사람도 없는 개화기의 한 인물, 이수정이었던 것이다.[65]

아펜젤러 제물포항에 도착하다

그림 15 개항 초기의 제물포항

---

65) 신명호, 앞의 글

아펜젤러 부부는 1885년 3월 31일 일본의 나고야항을 떠나 조선으로 오는 정기선 세이리오 마루(Seirio Maru)호를 타고 제물포로 향하였다.[66] 이 배에는 미북장로회 소속의 언더우드(Underwood) 선교사와 스커더(Scudder), 테일러(Tayler) 등의 선교사들도 함께 탑승하고 있었다.

이 배는 부산을 경유 4월 5일 제물포항에 도착했다. 이때 제물포항에는 자국민 보호를 위한 미국 배 오씨피(Ossipee)호가 정박하고 있었다. 선교사들은 오씨피호의 스텐시(F. M. Stensey) 선장과 일본영사관의 고바야시 영사에게 선교사와 그 가족들의 서울 입경에 대한 자문을 구하였다. 당시 조선의 상황은 1년 전 있었던 갑신정변(甲申政變)으로 매우 뒤숭숭해 있었고 외국인에 대한 반감이 매우 높은 상태였다.

오씨피호 선장과 일본 영사의 조언은 언더우드 선교사는 독신의 몸이므로 바로 서울 입경이 가능하겠지만 아펜젤러 부인의 입경 즉 아펜젤러 부부의 입경은 중지하는 것이 좋겠다는 것이었다.

따라서 아펜젤러 부부는 제물포의 대불 호텔(大佛: 일본식으로 다이부쓰 호텔이라고 부르는데, 일본인이 세운 조선 최초의 근대식 호텔)에서 7일 머물다가 다시 일본으로 되돌아가 2개월을 더 기다렸다. 그러다가 1885년 6월 20일 헤론(John W. Heron) 부부와 의료 선교사 스크랜턴 박사의 모친 메리 스크랜턴(Mary Benton Scranton)과 스크랜턴 박사의 부인 루이자(Ruisa Scranton)와 딸과 함께 일행이 되어 아펜젤러 부부도 조선에 도착하였다.[67]

---

66) 인천대학교 인천학연구원, "한국 최초 선교선의 관광 자원화를 위한 타당성 조사 및 기본 계획 수립 용역", PDF

67) 이만열 강사, 앞의 글

서울에 입경하기도 전에 인천에서 교회 개척

스크랜턴 가족은 서울에 아들 스크랜턴이 마련해 놓은 거주지가 있었기 때문에 바로 입경을 했다. 그러나 아펜젤러가 서울에 머물 수 있는 공간을 아직 마련하지 못했기에 제물포에 임시거처를 마련해야 했다. 그래서 중국인이 운영하는 해리스 호텔(Harry's Hotel)이라는 곳에 머물렀지만 하루에 2달러 정도의 숙박비가 지출되기 때문에 작은방이 딸린 초가집을 월세 25달러에 빌렸다.[68]

아펜젤러는 임신 중인 아내와 함께 제물포에 38일을 더 머물렀다. 그곳 작은 초가집에 머무르면서 전도를 하고 예배를 드렸다.[69] 이것이 제물포 교회(후에 내리교회)의 시발점이다. 1885년 7월 7일에는 미국에서 화물로 부친 풍금이 일본을 통해서 들어왔다. 풍금을 놓고서 신기해하는 사람들과 함께 찬송을 부르며 예배를 드렸다.

당시 아펜젤러의 아내 엘라가 그의 친구에게 보낸 편지에서 이렇게 말했다. "만복의 근원 하나님이라는 찬송을 불렀는데 이는 조선 상공에 울려 퍼진 최초의 감리교 찬송이었습니다. 만복의 근원이신 하나님이 오르간을 통해 조선의 모든 땅이 어서 빨리 찬송 듣기를 소망합니다."

그러다가 1885년 7월 19일에 아펜젤러와 신도들은 정식으로 제물포교회(내리교회)의 창립 예배를 드렸다.

그 뒤 1888년 5월 14일 20세 청년 동안으로 제물포에 첫발을 내디딘 존스(George H. Jones, 1867-1919) 목사가 내리교회를 거점 삼아 교육, 선교 활동을 펼쳤다. 그로부터 6년이 지난 1891년 11월에 내리 교회는 자체의

---

68) 뉴스앤넷 http://www.newsnnet.com
69) 이재만 목사, "한국 감리교의 시작, 아펜젤러 청년이 한국에 오기까지", 유튜브 영상 참조

예배당을 지었다. 그것이 흰색 석회벽을 세우고 지붕에는 기와를 얹어서 12명 정도가 앉아서 예배드릴 수 있는 화이트 채플이라고 불렸던 인천 최초의 감리교회였다.

2장
조선 근대 교육의 큰 기둥을 세우다

　아펜젤러는 인천에서 38일을 머문 뒤 서울로 입경하여 서울 정동에 있는 집 한 채를 사서 선교 활동을 시작하였다. 그 집은 한 달 먼저 와서 병원을 운영하던 스크랜턴 의사의 집이었다.

　아펜젤러가 서울에서 처음 시작한 선교 활동은 교육 사업이었다. 당시 조선 정부의 방침은 외국인이 조선에서 교육 사업과 의료 사업은 할 수 있지만 조선인을 상대로 한 복음 전도는 금하고 있었다. 아펜젤러는 자기 살림집의 방 두 칸 벽을 헐어[70] 작은 교실을 만들었다. 이 교실에서 이겸라(李謙羅)와 고영필(高永弼) 두 학생을 가르쳤다.

　이때 주한 미국 공사관 무관이자 대리 공사(公使)를 맡고 있던 포크(George Faulk)가 아펜젤러에 관하여 아뢰었고 동시에 그가 영어 학교를 설립할 생각을 가지고 있다고 말했다. 고종황제는 아펜젤러가 열심히 두 학생에게 영어를 가르치고 또 앞으로 여러 학생을 교육할 학교를 세울 뜻을 가지고 있다는 말을 듣고 곧 학교 사업을 허락하였다.

　그리고 고종은 1886년 6월 8일 인재를 배양하는 학당이라는 뜻으로 '배재학당(培材學堂)'이라는 교명(校名)과 액(額: 학교 간판)을 내려 주었다.

　이 커다란 한자로 쓰인 학교 이름의 간판은 당대의 명필 정학교(丁學喬)가 썼고 외무아문독판(外務衙門督辦) 김윤식(金允植)이 어명을 받들어 전달했다.

---
70) 배재고등학교 홈페이지, 배재학당 연혁 참조

그림 16 배재학당 현판

배재학당(培材學堂)의 교명을 받다

당시 개교의 사정을 아펜젤러는 다음과 같이 말해 주고 있다.

"일종의 전초전(前哨戰) 모양으로 우리의 선교학교는 1886년 6월 8일에 시작되어 7월 2일까지 계속되었는데, 학생은 6명이었다. 오래지 않아 한 학생은 시골에 일이 있다고 떠나 버리고, 또 하나는 6월은 외국어를 배우기에는 부적당한 달이라는 이유로 떠나 버렸으며, 또 다른 학생은 가족에 상사(喪事)가 있다고 오지 않았다. 이들의 빈자리는 자원하여 오겠다는 학생들로 그 일부가 채워졌다. 10월 6일인 지금은 재적생이 20명이요, 실제 출석하고 있는 학생 수는 18명이다."[71]

배재학당은 1886년 10월 6일경에는 재적생 20명에 실제 출석하고 있는 학생 수 18명의 학교로 성장하였다.[72] 이렇게 출발한 배재학당은 그 후 날로 늘어 가는 학생을 수용하기 위하여 큰 교사(校舍)가 필요했다.

따라서 아펜젤러는 이 땅 위에 처음으로 양옥으로 된 학교 건물을 세워 보기로 마음먹었다. 그 꿈은 1887년에 곧 이루어졌다. 가로 76피트, 세로

---

71) 『배재 100년사』, 배재중·고등학교, 1985
72) 배재학당 - 한국민족문화대백과사전

52피트인 이 단층 건물은 우리나라에서는 처음으로 지어진 르네상스식 건물이며, 이 속에는 예배 장소가 하나, 교실이 넷, 도서관이 있으며 교장실 사무실 그리고 지하실로 되어 있다.

이 지하실에는 학생들의 기술 훈련을 위하여 공장(인쇄공장과 목공실 등)이 들어가도록 되어 있었다. 이 건물은 한국에서는 가장 먼저 지은 벽돌로 된 서양식 양옥이었으며 당시 서울의 명물의 하나이며 중요한 역사적인 건물이 되었다. (현재 정동에 있는 배재학당 역사박물관이다.)

배재학당은 기독교 정신과 개화사상에 근거하여 근대 교육을 시작하였다. 즉, 배재학당은 그 설립 목적을 유교적 구습에 사로잡힌 조선인을 계몽하여 근대 문명의 지식을 얻게 하고 과학을 이해하도록 하여 사회와 국가를 위하여 봉사할 수 있는 일꾼이 되도록 하는 데에 두었다.

다시 말하면 배재학당의 교육 목적은 기독교인 양성과 근대국가의 인재를 배양하는 데에 두었다. 이러한 교육 목적을 달성하기 위하여 배재학당에서는 성경과 영어를 비롯하여 인문·사회·자연과학 분야 교과목들을 가르쳤다.

구체적으로 한문·영어·천문·지리·생리·수학·수공·성경 등이 교과목이었고 이들 과목 이외에 체육 시간에 서양식 운동인 야구·축구·정구·농구도 가르쳤다. 또 특별활동 시간을 두어 학생들의 스피치 커뮤니케이션(민주시민, 또는 지도자의 필수 소양인 연설과 토론 등 구두 언론) 훈련이 활발하게 이루어지도록 하였다.

그림 17 아펜젤러와 배재학당 학생들

배재학당의 교육 내용

영국인 비숍 여사는 1897년 배재학당의 규모와 교과목을 다음과 같이 말하고 있다.

"배재학당에는 한문 고전(古典)과 셰필드(Sheffield)의 만국역사(萬國歷史)를 가르치는 한문-국문과가 있고, 소규모의 신학과(神學科)와, 독법(讀法), 문법, 작문, 철자법, 역사, 지리, 수학 및 화학과 자연철학을 가르치는 영문과가 있다."

그림 18 배재학당 화학 수업(1920년대)

아펜젤러의 배재학당 설립 목적은 이 학교를 기능공이나 기술자를 배출하려 의도하지 않았고, 봉건적인 사회 질서에 순응하는 인간이 아닌, 개혁적인 교양인을 기르고자 하였다. 즉 '근대적인 시민'과 '지도자'로 학생들을 양성하고자 하는 것이었다. 그런 뜻에서 아펜젤러는 학생들의 자치 활동을 적극 지원하였다.

예비지도자 육성을 위한 특별활동 —
당대의 시사 포럼으로까지 확대되는 협성회 서클

미국에서 귀국한 서재필 박사는 한국에서 민주 사상을 고취하기 위하여 『독립신문』을 발간하는 한편 배재학당에서 교편을 잡았다. 배재학당에서는 매주 토요일마다 서재필 박사와 윤치호 박사의 주도로 국회 제도에 관한 연설이 이루어졌다. 또한 학생들로 하여금 교내 변론회(辯論會)를 조직하고 다양한 주제들을 토론하도록 하였다. 그 토론회의 명칭을 협성회(協成會)라고 하였는데 처음에는 교내 문제에서 시작해 점차 사회문제와 시국 관련 주제들도 다루었다.

이 협성회 토론은 그 자체가 토론과 연설에 대한 훈련이라는 교육적 기능과 함께 당시 조선 사회의 당면 과제들을 제기하고 논변하는 시사 포럼으로서의 기능을 가지고 있었다.

포럼의 특징은 중구난방식 자유토론이 아니라 법정에서의 재판 과정이나 국회에서의 토론 과정과 같이 일정하게 정해진 규칙과 형식에 맞추어 진행되도록 하는 것이었다.[73]

협성회에서는 독립협회의 예비 국회 기관이라고 할 수 있는 중추원에 대의원으로 내보낼 인재를 양성하였다. 이러한 활동의 일환으로 배재학당

---

73) 이환병, "120년 前 '협성회' 토론회서 배울 점은", 동아일보

의 학생들은 패를 나누어 백성들에게 가두연설을 하는 등 민중운동 즉 국민운동을 벌이기도 하였다.

배재학당의 당훈

아펜젤러의 교육 정신인 자유 민주 민족주의에 바탕을 둔 배재의 정신 자산은 일제 강점기의 탄압과 박해 속에서도 출신 배재인들의 당당하고 꿋꿋한 항일 독립의 운동으로까지 이어지게 되었다. 서울 중구 정동에 있는 배재학당 역사박물관 전시실에 게시되어 있는 학당 역사 소개의 문구에 의하면 아래와 같다.

"주체적으로 생각하고 활동하는 교육을 받은 배재학당 학생들은 민족 독립운동에도 앞장섰다. 당시 외국 기관은 치외법권(治外法權)이었으므로 일본인들의 순찰을 피할 수 있었다. 배재학당 기숙사는 독립지사들의 은신처가 되었고, 3.1 운동 당시에는 거사를 계획하는 민족 독립운동의 산실이 되었다."

배재학당에서는 처음부터 학생들에게 복음(福音)에 대하여 의무적으로 강요하지는 않았지만, 학교생활이나 가르치는 모든 학과에서 의식 혹은 무의식적으로 복음을 전하는 데 노력을 기울였다. 그런 뜻에서 학당훈(學堂訓)은 '욕위대자 당위인역(欲爲大者 當爲人役)' 즉 크게 되려는 사람은 마땅히 남에게 봉사하는 사람이 되어야 한다는 것으로 정했다.
이 말은 성경에 나오는 "너희 중에 누구든지 크고자 하는 자는 너희를 섬기는 자가 되고 너희 중에 누구든지 으뜸이 되고자 하는 자는 너희의 종이 되어야 하리라 인자가 온 것은 섬김을 받으려 함이 아니라 도리어 섬기려 하고 자기 목숨을 많은 사람의 대속물로 주려 함이니라"(마 20:26-28)라는 예수님의 말씀에 기초한 것이다.[74]

---

74) 배재학당 - 한국민족문화대백과사전

3장
조선 선교의 문을 열다

시국의 사정에 따라 형평상 먼저 교육 사업을 시작하였던 것뿐이지 아펜젤러 선교사의 조선 도래의 목적은 어디까지나 이 땅에 기독교를 심고 자라나게 하는 것이었다.

아펜젤러는 조선 도래 초기 아침 6시에 일어나 한국어 공부를 하고 7시~8시 사이에 아침을 먹었다. 그다음에 가족예배를 드리고 운동을 하였다. 9시부터 12시까지는 한국어를 쓰고, 말하는 연습을 하였다. 오후에는 집 밖에서 활동을 하고 저녁에는 독서와 기록에 매진하였다.

아펜젤러는 한국어와 문자를 익히는 일에 열심을 내었다. 그가 원하는 것은 무엇보다도 살아 있는 하나님의 말씀을 조선 백성이 쓰는 언어로 그들에게 전하는 것이었다.

아펜젤러는 "조선에서 나의 사랑하는 교회의 초석을 놓는 데 내 평생을 기꺼이 바치겠다"라고 결심하였다. 그는 또한 고백하였다. "내가 가지고 있는 야망이란 이 나라 전체에서 그리스도를 설교하는 것이다. 영혼을 구원하는 것, 이것이 우리의 유일하고 위대한 일이다."

1886년 배재학당의 수업을 시작하고 여러 가지 선교 사업의 준비를 하는 등 성공적인 첫해를 보내니, 아펜젤러를 비롯한 동료 선교사들은 자연히 자신과 용기를 가지게 되었다.

다음 해인 1887년에는 좀 더 대담한 사업을 계획하면서, 지금까지 소극적이었던 교회 사업 즉 전도 사업에도 본격적으로 나서기로 하였다. 그때는 아직도 종교 자유령이 내리지 않았고, 조선 사람으로 기독교를 믿는다고 하면 죽음을 면할 수가 없으리라는 법령이 폐지되지 아니한 때였다.

발로 조랑말로 조선의 오지를 누비다

아펜젤러는 1887년부터 1898년까지 주님의 복음을 전하기 위해 조선 전역에 모두 여섯 차례 전도 여행을 다녔다.

— 1차 여행

1887년 4월 13일~5월 12일 사이 송도를 거쳐 평양까지 다녀왔다. 이때 동행한 사람은 영국 출신 세관원 헌트(J. H. Hunt) 씨였다. 헌트는 아펜젤러와 친분이 깊었다. 아펜젤러의 남부 순행 일기에 따르면 그는 1888년 부산 해관장으로 부임했다. 따라서 1887년 평양 여행 당시는 다른 해(세)관에 근무했던 것으로 보인다.

송도를 거쳐 서울을 떠난 지 11일 만에 평양에 도착하게 되었다. 당시 조선에는 철도가 없었기 때문에 선교사들의 이동 수단은 가마나 말, 또는 조랑말이었다.

평양으로 가는 길은 순탄하지 않았다. 대동강은 배로 건넜고 여정 중에 숙박한 객사나 주막에서는 빈대와 벼룩에 시달렸다.

아펜젤러는 평양을 돌아본 후 백성의 어려운 삶과 도덕적인 타락, 빈부

격차 등 조선의 실상과 백성의 삶에 대해 진지하게 고민하며 선교의 방향을 생각하였다.

— 2차 여행

1888년 봄, 언더우드와 함께 소래를 거쳐 북부지방을 여행하였으나 여행 중 서울에서 조선 조정과 가톨릭 교계 간에 갈등이 빚어진 사건이 있었고 이로 말미암아 조정으로부터 외국 종교의 포교 금지령이 내려졌다.
미 공사관에서는 아펜젤러와 언더우드에게도 명령은 아니지만 선교 활동을 중지하도록 권고했다. 그래서 두 선교사는 선교 활동을 중지하고 귀경하였다.

— 3차 여행

1888년 10월~11월, 서울을 떠나 송도, 소래, 평양을 거쳐 의주까지 갔다가 다시 평양, 해주를 거쳐 서울로 돌아왔다. 평양과 의주에서 아펜젤러 선교사는 세례 청원자들을 만났고 세례를 주었으며 필요한 사항과 도움이 될 만한 일을 하고 돌아왔다.

— 4차 여행

1889년 2월, 올링거(Ohlinger)와 함께 충청도 수부가 있는 공주까지 다녀왔다. 아펜젤러 선교사는 공주까지 100마일만 여행하고 돌아왔고, 그곳으로부터 올링거는 전라도 감영이 있는 곳까지 183마일을 다녀왔다고 한다. 올링거는 중국에서 사역 중이던 인쇄 출판 사업 전문가인데 아펜젤러가 배재학당 내에 삼문출판사를 만들었을 때 초치하여 출판 사업을 전담하고 있었던 선교사이다.

― 5차 여행

1889년 8월 16일~9월 7일, 아펜젤러와 존스(Jones) 선교사는 서울을 떠나 지평-양평-원주-충주-단양-상주-선산-대구-밀양-청도-남천의 경로를 따라 부산까지 갔다가 부산에서 증기선을 타고 제물포항을 거쳐 귀경하였다. 이 여행에서 두 선교사는 나란히 따로따로 매일매일 남부지방 순행일기를 기록하였다. 이 순행일기에 근거하여 두 선교사의 상세한 순행 경로와 일정에 대하여는 다음 절에서 상세히 소개하고자 한다.

― 6차 여행

1898년 3월 9일~26일까지 평양을 방문했다. 평양에서는 노블(William Arthur Noble: 1896년 평양 선교사로 파송받은 미감리회 선교사)의 환영을 받고, 3월 20일 주일날 조선인에게 3번, 외국인에게 1번 설교를 하였다.

아펜젤러와 존스 선교사의 조선 남부 순행 일기

앞서 언더우드 편에서 언더우드 부부의 조선 북부 오지에 대한 순회 선교의 기록을 읽어 본 바 있다. 언더우드 부부의 북부 선교 여행과 거의 같은 시기에 아펜젤러 선교사는 존스(Jones) 선교사와 함께 조선 남부지방에 대한 선교 여행을 하고 두 사람의 합동작으로 비교적 상세한 여행 기록을 남겼다.

그 여행은 당시 제물포에서 사역하고 있던 후배 선교사 존스와 함께 한 여행으로 아펜젤러가 당시에 가졌던 다섯 번째 여행이었다.

아펜젤러와 존스는 1889년 8월 16일~9월 7일에 걸쳐 서울에서 지평-양평-원주-충주-단양-상주-선산-대구-밀양-청도-남천의 경로를 거쳐 부산까지 갔다가 부산에서 증기선을 타고 제물포항을 거쳐 귀경하였다.

두 선교사는 이 여행에서 나란히 따로따로 매일매일 남부지방 순행일기를 기록하였다. 두 선교사의 일기를 발굴·번역 및 편집하여 『기독일보』와 'KMC뉴스'(인터넷 사이트)에 소개한 사람은 리진만(Jimmy Lee) 선교사이다.[75] 저자(오두범)는 리진만 선교사의 두 선교사 일기 자료를 조합하여 두 선교사의 16일간의 선교 일정의 중요 부분을 추적하여 보도록 하겠다.

─ 1889년 8월 13일 화요일

아펜젤러 선교사의 부탁으로 존스는 다음과 같은 여행 준비물을 구입하였다.

Rhubarb and Soda-Indigestion / 대황과 소다-인디제스티온(소화제)
Diarrhoea Mixture / 혼합 설사약
Tincture of Ginger/ 생강 팅크(감기약)

---

75) 리진만 선교사 소개: 국내 최초 PCO 브리지 인터내셔널, 세계부동산 연맹(FIABCI) 한국챕터, KTB 컨설팅 등에서 근무했다. 이후 우간다 새마을운동 협력관, 인도네시아 산업부 자문관, 2017 APREC 조직위원회 위원장을 역임했다. 백석신학대학원에서 M.Div. 과정 입학 후 아프리카 우간다, 인도네시아, 필리핀 선교 및 후원을 해 왔다. 강원대학 행정학과, 연세대학 국제학대학원, EARIST 행정대학원에서 박사과정 수료 저서 및 역서: 『대중신학과 정치경제학』, 『국제회의 기획·운영』(2019), 『매서인(권서)은 교회설립의 선구자이다』(2020), 『이은교 교장, 김정혁 권사』(2020), 『문막교회 117년사』(2022), 『아펜젤러, 존스 선교사 원주에 가다』(2022) 등

Epsom Salts / 사리염(의약품·하제의 재료)

Quinine / 키니네(말라리아 치료제, 해열제)

Brandy / 브랜디(저체온증 보조제)

준비물 중 브랜디는 존스 선교사에게 죄의식을 느끼게 했기에 여행에서 돌아와서는 환불했다고 한다.

1889년 당시 미국 공사이던 제임스 모어는 외부(外部)로부터 여행 허가증 즉 호조(護照) 발급을 도와주는 대신 여행 중 설교와 선교 활동을 하지 말고 단지 한 달간 여행할 수 있도록 허락했다. 그래서 위의 상비약 이외에 여행 중 틈나는 시간에 기분 전환을 위해 성경, 필기도구, 찬송가 등을 휴대했고 카커(Cocker)의 『그리스도론과 그리스 철학』, 프리센(De Pressene)의 『초기 기독교 시대의 순교자와 옹호자』 두 책을 가지고 갔다.

그림 19 호조의 예(1900년 대한국 외부에서 선교사 웰본에게 발급)
출처: 『아서 한국에 가다』

─ 8월 16일 금요일 출발

아침 7시에 집을 나서 오전 8시 정각 동대문을 지났다. 아펜젤러는 흰색 몽골 말 존슨은 회색 야생마를 탔다. 지금의 구리시 동구릉 인근 마을을 지나 한강 둑 위에 있는 조그만 마을에서 점심 식사를 하고 뜨거운 햇볕 아래에 한강 물에서 목욕을 하였다.

2시 40분 강변 마을을 출발, 강둑을 따라 40리를 걸어 강을 건너 양수리에 6시 30분에 도착해 1박을 하였다. 마을로부터 많은 사람들이 몰려와 선교사들이 식사하는 모습, 자는 모습을 유심히 쳐다보았다. 방 안에서 잠을 자기는 너무나 더워 앞마당에 간이침대를 펴고 잠을 잤다. 18년 전 1871년 신미양요 때 같았으면 어림도 없을 일이다. 조선 사람들은 선교사들을 양귀(洋鬼: 서양 도깨비)라고 때려죽였거나 불태워 죽였을 것이다.

지금 선교사들은 동네 사람들이 자유스럽게 오가는 바깥 마당에서 간이침대를 펴고 자고 있지 않은가. 상황이 이렇게 좋아졌다는 것이 감격스러웠다. 그러나 안타까운 것은 선교사들이 전도를 할 수 없다는 점이다.[76]

─ 8월 17일 토요일~8월 18일 일요일, 지평 경기도

토요일 선교사들은 양수리로부터 75리(25마일)를 이동해서 양근군(楊根郡: 현재의 양평읍)에서 점심 식사를 하고 저녁에 지평현(砥平縣: 현재의 지평면)에 도달했다. 지평에서는 관아 객사에서 17일 토요일과 18일 주일 이틀을 묵었다.

---

76) 1888년에 발생한 외국인들이 유아를 납치해 죽여 약을 만든다는 일명 '영아 소동 사건(baby riot)'과 조선 정부에서 미국 공사관에 전도 금지를 요청한 포교 금지령이 아직 유효하기 때문이다.

― 8월 19일 월요일, 원주 강원도

지평에서 새벽에 떠나 90리 떨어진 원주로 향했다. 60리 되는 지점에서[77] 쉬었는데 지평에서 그곳 안창(현 강원도 원주시 지정면 안창리)까지 이르는 고갯길(송치고개가 아닌가 생각된다)은 험하고 경사가 심해, 말이나 다닐 만한 좁고 깊은 계곡 길이었다.

그림 20 아펜젤러와 존스 선교사가 방문했던 시점의 원주 고을 전경
출처: 원주시역사박물관에서 진행한 기획사진전(22년 12월~23년 2월)

이 긴 계곡의 끝에 있는 아름다운 작은 냇가 둑 위에 있는 지저분한 주막에서 식사하고 쉬었다. 그날 오후 선교사들은 안창에서 30리를 더 나아갔고 나머지 10리는 말(馬)로 이동하기도 힘한 고개(현, 강원도 원주시 지정면 가곡리 질마재 고개로 추정됨)를 넘어갔다. 그리하여 마침내 원주시가 한눈에

---

77) 리진만 선교사는 지평에서 60리 거리는 현, 원주시 지정면 안창리인 것으로 보인다고 말한다.
리진만, "제4화 아펜젤러 남부순행일기 8월 19일 월요일", KMC뉴스 http://www.kmcnews.kr, 2021. 04. 08.

보이는 낮은 언덕을 지나 시내로 들어갔다.

　원주는 강원 감영과 원주 목사관이 있는 곳이다. 선교사들은 평양만큼이나 큰 도성을 생각했지만 원주에는 성곽이 없었다. 나지막한 분지에 1,000여 호 민가가 옹기종기 모여 있을 뿐이었다. 집들은 허름하게 지어져 있었고 사람들은 영양 상태가 좋지 않아 보였다.

　사람들은 두 선교사가 이곳 원주를 방문한 첫 번째 서양 사람이라고 했다. 이것이 사실인지 아닌지는 증명할 방법이 없지만, 분명한 것은 아펜젤러와 존스가 이 은둔의 고장을 첫 번째로 방문한 개신교 선교사임은 틀림없다.[78] 그러니만큼 이곳 사람들은 선교사들에게 굉장한 호기심을 나타냈다.
　선교사들이 중앙도로 위에 우뚝 선 대문을 통과해 나가자 서양 사람을 처음 본 원주민들이 놀라고 충격을 받아 집 문을 열고 쏟아져 나왔고, 어떤 이들은 창문을 열고 신기한 눈으로 특이한 모양과 차림의 양인들을 내다보았다.[79]
　선교사들은 목사관아 객사를 배정받았고 그들을 신기하게 생각하며 따라온 사람들로부터 격리되기를 원했다. 그렇지만 그러지 못했다. 관중들은 객사 문을 닫을 때까지 선교사들의 숙소 안까지 밀치고 들어왔다. 워낙 많은 백성이 들어와서 극성스럽게 굴었기 때문에 저녁 식사도 휴식도 취할 수 없었다.
　기수(선교사의 순행을 돕기 위해 서울에서 함께 온 군인)와 현지 순검이 나서서 관중들을 다 내보낸 다음에야 평온을 회복할 수 있었다.

---

78) 리진만, 위의 글
79) 리진만(역), 존스와 아펜젤러 선교사의 첫 번째 남부순행기 II(강원도 편), 기독일보 https://www.christiandaily.co.kr/news/95745#share

그 동기야 어떠하든 몰려드는 원주의 주민들을 상대로 선교사들이 설교를 할 수 있었다면 얼마나 좋았을까. 그러나 미국 공사관이나 조선 당국의 조치가 그래서 어쩔 수 없다는 것이 안타까울 뿐이다.[80]

— 8월 20일 화요일

관찰사와 목사의 흔쾌한 면담 소식에 이날 아침 두 선교사는 강원감영 수부를 떠나기 전 두 고관들을 예방했다. 객사에서 잘 묵고 간다는 인사 차원의 방문이었지만 이번의 여행 중 선교사들을 만나 준 지방관 중에서 제일 높은 사람들이었다는 점에 의미를 둘 수 있었다. 선교 차원에서 어떤 가시적 성과의 실마리를 찾을 수는 없었으나, 존스 선교사가 나중에 쓴 회고 글에 의하면 그로부터 10년 후에 강원도에서 좋은 열매를 보게 되었다고 한다.[81]

강원 관찰사와 목사의 예방을 마치고 일행은 충청도 충주 도성을 향하여 떠났다. 원주에서 충청도로 넘어가기 위해 원주 매지리에서 양안치재(380m)와 백운령을 넘어 귀래를 지나 현재의 원주시와 충주시를 가르는 소태(蘇台)재를 넘었다.[82]

이어서 선교사들은 서울에서 대구로 이어지는 대로(大路, 1770년 작성된 신경준의 『道路考』에 따르면 경성에서 시작해 용인-양지-충주-대구-동래-부산진까지 가는 '경성동남 저 동래로(京城東南 抵 東萊路)를[83] 말함)를 지나 충주 전방 30리 지점(존스의 일기를 참조하면 이들이 원주에서 충주로 향할 때 소태재를 넘었기

---

80) 위의 글
81) 위의 글
82) 이 통로에 대한 추정은 위의 글의 필자 리진만 선교사에 의한 것이다.
83) 서울에서 동남 방향으로 출발해서 부산의 동래에 이르는 큰길이라는 뜻이다.

에 거기서 충주 도착 전 30리 지점은 목계 나루터일 것)에서 숙박했다. 여인숙에는 잘 방이 없었기 때문에 축사 옆에서 가축들과 함께 잤다.

— 8월 21일 수요일

목계 나루터에서 80리를 걸어 오후 3시경 성곽 도시 충주를 지나게 되었다. 아펜젤러 선교사는 "충주는 옥토 가운데 자리 잡고 있었고 … 성벽이 있었는데 관리가 잘되어 있었고 성벽 밖에도 성의 안쪽만큼 집들이 보였다"라고 그의 일기에서 쓰고 있는데, 어떤 이유에서 이 도성에 들르거나 머무르지 않고 그냥 지나쳤는지에 대해서는 밝히지 않고 있다. 일단 두 선교사는 충주 성곽 지나 20리 거리에서 휴식을 취하고 숙박한 것으로 보인다.

— 8월 22일 목요일

아펜젤러는 목요일(22일)에는 남부 순행 일기를 쓰지 않았고, 그다음 날 쓴 일기에서 목요일 아침부터 100리 길의 험난한 여정을 거쳐 충청도와 경상도 사이를 가르는 소백산맥 즉 문경새재를 넘었다고 기록하고 있다.

존스 선교사는 그의 남부 순행 일기에서 이 부분을 비교적 상세히 기록하고 있다. 그에 의하면 목요일에 선교사들은 경상도에 들어가는 관문인 조령(鳥嶺)을 넘었다. 그것은 분명 지금까지의 여정 중 가장 힘든 일이었다. 정말로, 좁은 골짜기는 거의 지날 수가 없었고 오직 발을 단단히 딛고 선 작은 토종말들만 통과할 수 있을 지경이었다.

선교사들은 아침 동이 틀 때쯤 조령 입구에 다다랐고 조령을 넘는 데만 꼬박 하루가 걸렸다. 선교사들이 오르락내리락하며 산을 넘을 때 그 오르

막길은 끝나지 않을 것만 같았다. 들뜬 돌들과 바위에 걸려 넘어지며 하늘 맞닿는 곳까지 도착했다. 마침내 오후 3시쯤 '문경새재'라는 의미로 거대하게 새겨진 현판의 성문 아래에 도달했다. 읽히는 대로 해석하면 '문경으로 가는 새들이 넘는 길'이었다. 이 성문은 국난 시 적 침공을 저지할 수 있는 방어의 요새이며 충청도와 경상도의 두 도를 오갈 수 있는 통로의 관문이다.

선교사들은 그날 밤을 문경의 관아(官衙)가 있는 객사에서 묵었다. 말들과 사람들은 완전히 지쳐 있었고 이 지역(문경)에서의 휴식과 고요함은 감사히 기억되었다.

— **8월 23일 금요일**

선교사들은 빗속에서 다시 출발했지만 오후에는 개었고, 밤이 되기 전 90리를 지나갔다. 문경으로부터 행로에서 선교사들은 조선에서는 처음으로 가장 가까이에서 협곡을 보며 통과했다. 그곳은 좁은 협곡이었는데 3마일의 길이에 300피트 정도의 넓이였고, 양옆은 600피트의 수직 높이였다. 빗속에 이 협곡을 말을 타고 통과하는 것은 선교사들의 전체 여정에서 가장 처량한 모습이었다. 오후에 날이 개었을 때, 선교사들이 지나고 있는 지역이 어떤 곳인지를 알 수 있었고, 선교사들이 수도 경성이 소재한 경기도를 떠난 이후로 경험한 것과 얼마나 다른 환경에 있는지 발견하게 되었다. 협곡을 지날 때는 물레방앗간도 구경할 수 있었고, 길가에는 석회 가마가 운영되는 모습도 보였다. 경상도지방으로 넘어오자마자 사람들의 독특한 억양도 간파할 수 있었다.

선교사들은 문경, 함창, 상주 등 모두 작은 목(현)들을 지나갔다. 이 지역에서 다른 지역을 지나올 때보다 더 많은 기업 간판을 볼 수 있었다. 여인들은 방직 일을 했고, 남자들은 실을 잣거나 모자를 만들었다.

이 지역은 산업 면에서 강원도나 충청도보다 더 발전한 것처럼 보였다. 좁은 협곡들 대신에 작은 계곡들과 작은 논들, 곡식들이 잘 자라 풍성한 열매로 뒤덮인 넓은 평원이 보였다. 진흙 초가집은 어디에나 있었지만, 그 집들은 더 넓었고, 지붕 초가는 더 새것이었고, 진흙도 품질이 더 좋은 것이었다. 이 수수한 초가집들은 경계를 표하는 울타리가 쳐진 작은 정원들로 둘러싸여 있었고, 도로는 확실히 더 잘 정비되어 있었다. 선교사 일행은 이날 선산 객사에서 묵은 것으로 추정된다.

― 8월 24일 토요일~8월 25일 일요일

선교사들은 토요일 비 때문에 40리밖에 나아가지 못했다. 그리고 오후에도 비가 내리는 탓에 많이 못 갔고 진두(津頭: 조선시대 뱃나루 터가 있어 나루 진(津)과 머리 두(頭)를 합쳐 진두라고 하였음)에서 머물렀으며 이곳에서 다음날 주일까지 보냈다.[84]

---

84) 리진만(역), "제9화 아펜젤러 남부순행일기, 8월 25일 월요일, 선산", KMC뉴스 참조
　　이 글에서 아펜젤러는 (전날 밤을) 아관의 객사가 아니고 조그만 마을에서 체류했다고 하였는데 그 조그만 마을이 진두(나루터)에 있는 주막이 아니었을까 한다.

— 8월 26일 월요일, 선산

그림 21 선산 객사

선교사들은 이날 아침 50리를 나아갔다. 여정에 특별한 것은 없었다. 선교사들은 이곳에는 북쪽 지역에 있는 집들보다 잘 지어진 집들이 많았고, 규모가 큰 마을이 많이 있었다고 쓰고 있다.

오후에는 산을 가로질러 가야 하는 여정이었다. 산을 넘기 위하여 들어선 경사진 계곡은 아펜젤러가 보기에 조선에서 가장 장대한 절경이었다.

계곡이 얼마나 깊었던지 계곡에 들어섰을 때 해는 벌써 산꼭대기에 있었고 땅거미가 질 무렵에야 겨우 산을 넘을 수 있었다.

그날 밤 선교사들은 대구 북쪽 150리 지역인 인동부(仁同府)[85] 의 객사에서 묵었다. 이날 일기에서 아펜젤러는 다음과 같이 썼다.

"나는 오늘만큼 말을 타고 여정을 즐긴 일은 없었다. 침구를 더 덮었지만, 밤에는 싸늘했다."[86]

---

85) 인동부(仁同府)는 현재 행정구역상 경상북도 칠곡군 기산면, 약목면, 북삼읍, 석적읍 일대와 구미시 내 낙동강 동쪽 지역에 해당하며, 읍치는 구미시 인의동에 있었다. 서울대학교 규장각 한국연구원 지리지 종합 정보
86) 리진만(역), "제10화 아펜젤러 남부순행일기 8월 27일 화요일 대구 경상도", KMC뉴스 참조

― 8월 27일 화요일, 대구 경상도

　인동부 객사에서 일행이 늦잠을 잤고 거기서 늦게 출발해서 대구에는 오후 1시에 도착했다. 대구로는 감영 북문을 통해 들어갔다.
　선교사들은 여장을 푼 뒤 판관(判官: 대구도호부의 관찰사의 밑에 있는 관리로 선교사들을 영접하는 임무를 수행하고 있었음)에게 호위병을 요청했고, 그날이 마침 장날이어서 장마당을 구경하러 갔다.
　일행이 장터를 다닐 때 관원 한 명이 앞에 서고 선교사 일행이 뒤에 가면서 장터를 돌아본다. 그러면 으레 호기심 많은 일백여 명의 구경꾼들이 뒤를 따르는데 선교사들은 이들을 상대로 전도를 할 수는 없었지만 이들이야말로 언젠가는 신자들이 될 사람이라고 생각하여 반갑기도 하였다.[87]
　시장 광경은 참신한 모습이었고 대구는 경상도의 중심 도시일 뿐만 아니라 전국적으로도 매우 중요한 도시이다. 시장에서 서쪽으로 더 가서 낮은 구릉에 올라 대구 도읍과 주변 풍광을 돌아볼 수 있었다.

― 8월 28일 수요일, 대구 경상도

　수요일 오전은 긴 밤을 잘 쉬었기에 매우 상쾌했다. 아펜젤러의 생각으로는 대구 도성과 주변 지역은 평양만큼 큰 것으로 평가할 수 있었다.
　한 가지 안타까운 것은 대구 도성은 인구 규모는 컸지만 도시 관리가 잘 되어 있지 않고 경제적으로 가난의 기운이 흐르고 있었다. 주민들의 모습에서는 생기가 돌지 않았다.
　선교의 관점에서 말하자면 조선에서 제일 중요한 도시는 서울이다. 그

---

87) 리진만(역), "존스와 아펜젤러 선교사의 남부순행기 IV(경상도 편)", 기독일보

다음이 평양, 그다음이 송도이다. 다음으로 가장 중요한 도시는 대구이다.

아펜젤러는 여기서 중요한 조선 선교전략의 구도를 평가하는데, 평양은 제물포에서 대동강까지 증기선을 취항해 수운을 통하여 관리하면 좋을 것이고, 송도는 서울에서 직접 관리하면 좋고, 대구는 부산을 통하여 서울(제물포)과 원활하게 연결하는 것이 최선의 방법이 아닐까라고 생각했다. 서울의 선교사들이 문경새재를 통과하여 복음을 전파하기에는 교통의 장벽이 치명적으로 높다.[88]

"부산에 거주하는 외국인은 경상도 중심 지역인 이곳에 오기가 수월하고 경상도 내에 있는 모든 마을에 쉽게 갈 수 있고 또한 전라도와 충청도까지도 갈 수 있다." 아펜젤러는 대구는 조선 남부에서 둘도 없는 중요 선교 거점으로 엄청난 잠재력을 가지고 있다고 보았다.

선교사들은 수요일 대구를 떠나 70리 거리에 있는 청도 관아 객사에서 숙박했다.

— 8월 29일 목요일, 정찬(순행 일행들과 회식을 함)

청도 역시 성곽으로 둘러싸인 곳이었는데 성내에 400여 채의 집이 있고 성 밖에는 더 많은 집이 있는 것 같았다.

선교사들은 청도 객사 도주관(道州館)에서 묵고 아침에 이곳을 떠나 40리를 이동한 뒤 휴식을 취하면서 식사(정찬)도 했다.

오후에는 밀양부를 향하여 내려갔는데 길가에 많은 논이 보였고, 지대가 높은 곳으로 들어서자 콩밭들도 보였다.

오후에 주파한 구간은 매우 길고 힘든 여정이었다. 오후 내내 걸어 7시

---

88) 위의 글

쯤에나 집 몇 채를 볼 수 있는 마을에 도착했다. 그러나 그곳에서는 10리 안에서는 머물 수 있는 주막을 찾을 수가 없었다.

　이렇게 오지를 다닐 때 조선의 마을들에서는 마을 원로의 주관하에 여행자가 어둠 속에서 다음의 숙박지를 찾을 때 횃불을 밝혀 길 안내를 해주는 고마운 풍습이 있었다.[89]

　7시였기 때문에 어둠으로 더 나아갈 수가 없어서 마을 원로를 만나서 길 안내를 부탁했다. 다행히 마을 사람들이 여행객에게 횃불을 밝혀 주고 일행이 묵을 수 있는 곳으로 안내해 주었다.

　그러나 그 주막은 이미 가축들과 늦은 여행객들이 꽉 들어찬 허접한 곳이었다. 그렇지만, 사람들은 선교사들이 하룻밤을 잘 보낼 수 있도록 배려를 해 주었다. 그들은 선교사들을 위해 가축들을 밖으로 끌어낸 후 마당 가운데에 불을 피워 주고, 쌀 등 여러 가지를 가져다주었다. 선교사들은 조선인들이 참으로 외국인들에게 친절하고 따뜻하게 대하는 것을 감사하게 생각하지 않을 수 없었다.

　모닥불이 꺼지자 한기가 느껴지고 으스스했지만, 일행은 너무 피곤했기 때문에 그걸 느끼지 못할 만큼 곯아떨어졌다.[90]

　아펜젤러 선교사는 이곳을 밀양부에 속해 있는 낙동강 제방 위의 목아관(牧衙館)이라고 소개하고 있다.[91]

— 8월 30일 금요일, 남천

　밀양에 있는 목아관을 떠나 낙동강 강변을 따라 내려갔다. 선교사들은

---

89) 리진만 역, "존스와 아펜젤러 선교사의 남부순행기 Ⅲ(충청도 편)", 기독일보(존스 선교사에 의하여 언급된 바 있다.)
90) 리진만(역), "존스와 아펜젤러 선교사의 남부순행기 Ⅳ(경상도 편)", 기독일보
91) 리진만(역), "제13화 아펜젤러 남부순행일기 8월 30일 금요일, 남천", KMC뉴스

시골을 벗어나 도시로 나온 것 같은 느낌을 받았다. 밀양에서 70리 정도 나아가고 부산 도착 전 100여 리에 있는 마을 남천(南川)에 도달했다. 선교사들은 이곳에서 하룻밤을 보내려고 머물 수 있는 장소를 찾았다. 그러나 그 장소를 찾기가 쉽지 않았는데. 간신히 한 곳을 찾았고, 말들은 다른 숙소로 보냈다.

남천은 지대가 높았고 아름다웠으며 수백 채의 집들이 있었다.

— **8월 31일 토요일, 부산**

8월 말일에 순행의 반환점인 부산에 도착했다. 서울과 부산을 잇는 대로는 없었다. 아펜젤러는 친분이 있는 헌트(Jonathan H. Hunt)[92] 부부에게 오늘 오후에 방문하겠다고 기별하고, 그들과 만날 준비를 했다.

아펜젤러가 부산에 당도해 보니 부산은 많이 변하고 있었다. 일본인들은 해변의 땅을 사들여 상업적인 건물을 세우고 있었다. 은행 건물들이 건축되고 있었고 여러 조합 건물들도 세워지고 있었다. 생선을 잡고 말리고 수출하는 데 쓰이는 어업 조합의 시설들도 건축되고 있었다.

서쪽 지역에는 학교 건물이 지어져 있는데 일본 사람들이 이곳에 살면서 그 자녀를 학교에 넣어서 공부까지 시키는 장기전을 벌이고 있는 것이다. 일본인 조차지역은 안전한 숲과 높은 구릉을 확보하고 있었다. 부산에는 중국 영사관도 주재하고 있었다. 부산은 놀랍고 빠른 속도로 발전하고 있었다.

---

92) 헌트는 1887년 4월 13일~5월 12일 아펜젤러와 함께 평안도지방(송도, 평양)을 함께 여행한 막역한 지인이었다. 영국인 헌트는 아펜젤러가 부산에 도착할 당시 부산세관장이었다.

"우리는 이곳에 당장 진출해야 한다." 아펜젤러는 그의 일기의 이 부분에다 굵은 밑줄을 그었다. 기다리며 시간을 지체할 시간이 없다. 무엇보다도 먼저 이 사실들을 선교 본부에 보고해야만 할 것이다.

— **9월 3일 화요일, 부산**

선교사들은 8월 31일 토요일, 즉 서울을 떠난 지 꼭 15일 만에 부산에 도착했었다. 350마일을 말을 타고 온 것인데, 좀 피곤하기는 했지만 긴 여정을 잘 마쳤다.

선교사들은 부산에서 며칠 쉬고 증기선을 타고 제물포로 출발하려 했지만 험한 날씨 때문에 배가 바로 뜨지 못하고 정체되어 있었다. 아펜젤러는 9월 2일 연차총회에 보고할 남부 순행에 대한 보고서(안)를 작성했다.

마침내 날씨가 좋아져서 말은 육로로 따로 보내고 선교사들은 '쓰루가마루(Tsuruga Maru)호' 배를 타고 9월 6일 제물포항에 도착했으며, 서울에는 9월 7일 도착했다.

4장

내한 3년째, 공중 예배 시작하다

정동제일교회를 세우다

1887년 아펜젤러는 학교에서 드리던 예배를 분리해 새로 구입한 한옥을 '벧엘교회'라 이름 짓고 공개적으로 예배를 드리기 시작했다.[93] 이후 새 예배당이 필요해졌다.

1892년에 오늘날 명동 성당의 건축이 시작되었다. 아펜젤러는 건축이 시작되는 명동 성당을 보면서 꿈을 가졌다고 한다. 우리 교회도 저 천주교 성당 다음으로 가장 아름다운 건물로 건축하게 해 달라고 하나님께 간절히 기도했는데 그 뜻이 이루어졌다.

미국으로부터 많은 후원금을 얻게 되어 붉은 벽돌로 고딕 양식의 예배당을 짓기 시작하여 2년 만인 1897년에 완공시켰다. 이 예배당이 오늘날까지 사용되고 있는 정동제일교회 벧엘 예배당이다.[94]

---

93) 유성종, 이소윤, 『믿음의 땅 순례의 길』, 두란노, 2016, 18쪽
94) 이재만 목사, "한국 감리교의 시작, 아펜젤러 청년이 한국에 오기까지", 유튜브 영상

그림 22 정동제일교회(벧엘 예배당)

정동제일교회에서는 아펜젤러 선교사를 도와 프랭클린 올링거(Franklin Ohlinger, 한국명으로 무림길) 선교사가 목회하였다. 1903년에는 최병헌 목사가 최초의 한국인 담임목사로 시무하기 시작하였다. 이후 정동제일교회에는 최병헌 목사의 지도 아래 관료층과 지식층이 대거 출석하였다.[95]

언더우드와 힘을 합쳐 성경 한글화에 매진하다

선교사들은 한글 성경 제작 출판이 조선 선교에 무엇보다도 긴요한 일임을 확신하고 성경의 번역과 출판에 힘을 썼다.

언더우드와 아펜젤러는 성경 번역을 공동적으로 하였으며 그들의 첫 작품은 1887년에 출판된 『마가의 전한 복음서 언해』이다. 이 책은 개항기 개신교인 이수정이 4복음서 중 「마가복음」을 풀이하여 1885년에 간행한

---

95) 유성종, 이소윤, 앞의 책, 20쪽

책 『신약 마가전 복음서 언해』를 수정 보완한 것이다. 원래의 이수정 본은 한문과 일본어 성서에서 번역한 것으로 오역과 애매한 표현 등이 많았던 것이다.[96]

아펜젤러는 1890년에 로스가 번역한 『예수성교 누가복음전서』를 수정한 『누가복음젼』을 편찬하였다. 이어서 마태복음 번역을 시작하여 1892년 1월 20일에 『마태복음젼』을 발행하였다. 『마태복음젼』은 언더우드와 스크랜턴이 시작한 작업을 아펜젤러가 이어받아 완성한 것이다.

앞서 누가복음전은 로스가 번역한 것을 수정한 것이었는데 이 마태복음전은 처음부터 언더우드, 스크랜턴, 아펜젤러가 직접 한국어로 번역하였던 것이다.

1893년에는 미국성경협회(American Bible Society)의 지원을 받아 주로 장로교인들과 감리교인들로 구성된 상임성서 실행위원회가 설립되었고 그 위원회는 내부기관으로 성서번역자회를 두었다. 아펜젤러는 이 기구에 적극적으로 참석하여 활동을 하게 되었다.

그 뒤 1895년에 성서번역자회에서 『마태복음』, 『마가복음』, 『요한복음』 등 복음서와 『사도행전』을 간행하였고 1897년에는 『골로새서』, 『베드로전·후서』도 간행하였다.

그러다가 1898년에는 요한계시록을 제외한 신약 전부가 출간되었다. 그리고 성경 번역에 착수한 지 13년 만에 신약성경 전체 『신약젼셔』가 완간되었다(1900).

그런 가운데 안타깝게도 1902년에 아펜젤러가 목포의 번역자 회의 참석차 여행 중 선박충돌 사고로 순직하게 되었다. 그로써 언더우드는 구약 시편 번역을 끝내고 아펜젤러가 이루지 못한 창세기 번역까지 맡게 되었다.

96) 신약 마가전 복음서 언해 - 한국민족문화대백과사전

구약성경은 1910년에 번역이 완료되어 1911년 4월 2일 출판됨과 동시에 신구약의 합본성경 『셩경젼셔』가 간행되었다.

성경 번역 사업에 관한 한 미본국 교계로부터의 자금 지원 등도 거의 없는 상태에서 선교사들은 조선을 깨우겠다는 일념으로 모든 노력을 다하였고 그런 결과로 계획된 사역을 완수할 수 있었다.[97]

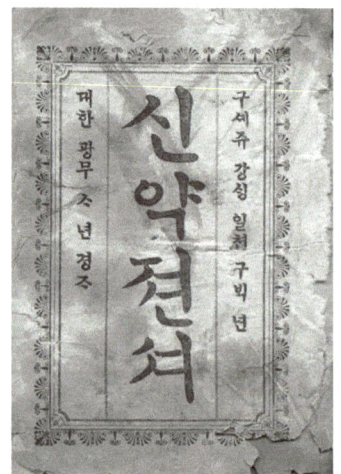 

그림 23 신약젼셔(1900) / 구약젼셔(1911)

근대식 언론 출판문화를 이식하다

아펜젤러는 1897년 2월 2일 한국에서 기독교의 선교지로서 『죠선 그리스도인 회보』를 창간하였다. (이 신문은 언더우드에 의하여 창간된 『그리스도 신문』보다 두 달 먼저 창간되었다.) 이 신문의 사명관은 기독교적 정신의 고취에 중점이 있었지만 이에 못지않게 국민 의식의 계몽과 신지식의 보급에 힘쓰는 것이었다.[98]

---

97) Horace G. Underwood, *The Call of Korea*, Fleming H. Revell, 1908, p.115, PDF
98) 이해창, 『한국신문사 연구』 개정증보판, 성문각, 1983, 286-292쪽

아펜젤러 목사는 1889년 1월 4일 그 당시 중국에 재류하던 올링거(Rev. F. Ohlinger) 박사를 초치하여 인쇄소(삼문출판사)를 관리하게 하였고 국문과 영문 활자를 제조케 하였다.[99]

삼문출판사

아펜젤러는 배재학당 안에 삼문출판사(三文出版社)를 세워 성서와 전도문서, 학교 교재, 정기 간행물 등을 인쇄·출판하였다. 한글·중국어·영어의 세 가지 언어로 인쇄, 출판되었기 때문에 '삼문'(The Trilingual Press)이라는 명칭이 붙었다. 그전에는 기독교 서적의 대부분을 일본의 요코하마에서 인쇄했는데, 아펜젤러는 서울에 인쇄기를 설치해 기술을 보급하고 조선의 출판문화를 성장시켰다.

실무 책임자로는 중국에서 사역 중이던 올링거를 초치하여 출판 사업을 전담하게 하였다. 1892년부터는 *The Korean Repository*를 창간하고 1898년 12월까지 통권 제60호를 발행하였다.

1893년 올링거의 미국 귀환으로 헐버트(Homer B. Hulbert)가 실무책임을 맡게 되었다. 1896년부터는 『독립신문』도 인쇄하기 시작하였으며, 『죠션 그리스도인 회보』도 이 출판사에서 인쇄하였음은 물론이다.

삼문출판사는 1900년 벡크(S. A. Beck 白瑞巖)가 인수하였고, 감리교 출판사로 이름을 바꾸었다. 1901년부터는 *The Korea Review* (헐버트가 창간)를 인쇄하였다.

---

99) 『배재 80년사』, 217쪽 참조, 배재학당, 1965. 11. 1.: 이해창, 위의 책 288쪽 재인용

삼문출판사에서 발행한 주요 종교 출판물로는 『미이미교회강례(美以美教會綱例)』(1890), 『성교촬요(聖敎撮要)』(1890), 『진도입문문답(眞道入門問答)』(1893), 『상제진리(上帝眞理)』(1893), 『미이미교회문답』(1893), 『세례문답(洗禮問答)』(1898) 등이 있다.[100]

사랑으로 이승만을 후원한 아펜젤러

이승만은 워낙 큰 인물이기 때문에 그에 대한 평가는 여러 가지로 엇갈린다. 마침내 건국 대통령이 되었지만 말년 관리가 잘 안되어 심한 권위의 추락을 맛보았다.

그의 공과에 대해서는 전문가와 역사에 맡기기로 하고 여기서는 청년기 이승만의 활동과 신앙에 대하여만 살펴보기로 하겠다.

이승만은 황해도 평산에서 1875년 3월 26일 태어났다. 그의 부친은 왕족의 후예로 이승만을 유교 정신에 충실한 선비로 키우고자 했다. 그는 어려서부터 입신양명을 위한 한학 공부에 몰두했다. 그의 가족은 이승만이 3살 때 서울로 이사를 했는데, 그는 1887년경 과거에 도전할 때까지 몰락한 가문을 살리기 위해 한학 공부에 열중했다.

그러나 도전하였던 과거에는 몇 번 실패하였고[101] 1894년 갑오개혁으로 과거제도가 폐지되면서 그의 지난 노력은 물거품이 되었다.

실의에 빠져 지내던 중 서당에서 함께 공부하던 신긍우가 그에게 배재학당을 소개해 주었다. 배재학당은 아펜젤러(Henry Gerhard Appenzeller) 선교사가 1886년에 설립했고, 이후 관직의 등용문이 되곤 했다. 정부는

---

100) 삼문출판사 – 한국민족문화대백과사전
101) 이한우, "이승만, 거대한 생애 90년1", 조선일보, 2007. 12. 31., safelee 엔파람 논객

배재학당 졸업생과 재학생을 시험 없이 관료로 임명했기 때문에 갑오개혁으로 인해 관직의 길이 막혔던 양반들에게는 막힌 창문에서 새어 나오는 빛이나 마찬가지였다. 이에 이승만도 1895년에 배재학당의 영어과에 입학했다. 배재학당의 교육 내용에는 영어뿐만 아니라 서방의 역사를 비롯한 정치제도 등이 포함되어 있었다.[102]

이승만은 배재학당에서 2년 동안 공부하게 되는데 아펜젤러 선교사의 설교를 처음 들었을 때 이승만은 고개를 가로저었다. '어떻게 1900년 전에 십자가에 못 박혀 죽은 사람이 나의 영혼을 구제한다는 말인가?' 아펜젤러는 학생들에게 인간 평등의 권리와 의식을 교육했고 민족의 독립성과 주체성을 강조했다. 이러한 아펜젤러의 가르침에 이승만은 깊이 감복했다. 그러나 복음 앞에서 이승만은 고개를 가로저었던 것이다.

서재필과 이승만

아펜젤러는 서재필에게 배재학당에서 세계사를 가르치게 했다. 서재필은 1884년 갑신정변의 중심인물로 미국에 망명한 뒤 미국 국적을 취득하고 의사가 되었다. 이후 갑오개혁이 이루어지자 1895년에 미국인 신분으로 귀국해 조선의 개혁을 위해서 활동하고 있었다. 서재필은 1896년 5월부터 배재학당에서 1년간 강의를 했다. 1896년 7월 2일 서재필은 이상재, 윤치호 등과 함께 독립협회를 만들었다.

서재필은 배재학당에서 강의하는 과정에서 민주주의를 가르쳤는데, 서재필이 가르친 민주주의의 실천 방식인 토론과 다수결의 법칙은 당시 학

---

102) 윤은석, "청년 이승만의 중요한 전환점: 배재학당과 한성감옥", 월드뷰 https://theworldview.co.kr/archives/15847 참조

생들에게 획기적인 영향을 미쳤다. 특별히 배재학당 학생들은 자치적으로 서재필이 설립한 독립협회와 유사한 학생 서클 협성회(協成會)를 조직하였다. 독립협회의 만민공동회, 관민공동회가 대중적 토론의 장이었던 것과 같이, 협성회도 회원들이 모여서 민족주의, 민주주의, 사회개혁 등의 주제를 가지고 토론 집회를 열었다. 이승만은 협성회의 초대 멤버 13인 중 한 사람이었고, 후에 회장으로 활동했다.

이승만은 장차 조선 사회에 독립 정신과 민주 정신을 확산시키기 위한 도구는 신문이라고 생각했다. 1898년 1월, 그를 포함한 배재학당의 협성회 회원들이 『협성회회보』를 창간했다. 그는 협성회보의 주필로 활동하며, 처음에 주간으로 발행되던 『협성회회보』를 일간 신문으로 확대했다. 또 『매일신문』을 창간했으며, 『제국신문』의 창간에도 동참했다. 협성회는 매주 토론과 연설, 회의를 통해서 자유로운 사고방식을 배우게 되고 민주적인 회의 방법을 습득 훈련하게 되었다. 마침내 이승만은 만민공동회에서 시국 연설을 할 만큼 성장하였다.

독립협회와 중추원

배재학당 졸업 후 그는 독립협회에 가담했다. 1897년 대한제국 선포 후 독립협회는 의회 설립 운동을 통하여 헌의(獻議) 6조를 결의하였다. 이로써 입헌군주제의 한 요소로 입법 기관에 해당되는 중추원(中樞院)을 설립할 것을 고종황제에게 건의하였고 황제가 이를 수락하여 중추원이 설립되었다. 중추원은 총 50명으로 구성되었는데, 독립협회 계열 17명, 황국협회 계열 16명, 황제에 의한 직접 임명이 17명이었다. 이승만은 독립협회 측

추천으로 중추원 의관(議官: 의원)으로 임명되었다.

중추원 설립 당시부터 독립협회의 입장과 고종의 입장(조정 측 어용 단체인 황국협회)은 사실상 심한 이해 충돌 상태에 있었다.

중추원의 내각 후보 추천안 결의 사건

1898년 중추원 첫 회의에서 독립협회 측 의원들의 주동으로 박영효와 서재필이 포함된 11명의 새 내각(대신) 후보 추천안을 통과시켰다. (박영효는 을미사변에 연루되었다는 혐의로 일본에 망명 중이었고, 서재필도 갑신정변으로 미국에 망명하였다가 귀국한 자라고 하여 수구파가 기피하고 있었다.) 중추원 설립 당시 대신 임명권 등은 황제의 고유 권한으로 중추원의 심의 사항에서 제외되어 있었다.

중추원 결의는 왕정 폐지와 공화국 수립을 기도한 반역 사건으로 확대 간주되었고 이로써 이승만과 독립협회 계열 의관 17명은 그해 1월 9일에 경무청에 체포되었다.

사형수가 된 이승만

이후 이승만은 재판과 함께 감옥에 투옥되었다. 이승만은 투옥된 지 20일 후인 1월 30일에 감옥으로 반입된 권총을 가지고 최정식, 서상대와 함께 탈옥했다. 그는 감리교 선교부로 도망쳤지만, 곧 다시 체포되었고, 탈옥을 이유로 사형을 선고받았다. 같이 탈옥을 시도했던 최정식과 서상대는 사형을 당했다. 이승만은 10kg의 칼을 목에 쓰고, 고문의 후유증 속에서 사형을 기다리게 되었다.

그림 24 이승만(왼쪽 중죄수 복장)과 옥중 동지들

이승만, 한성 감옥에서 하나님을 만나다

이승만은 삶과 죽음의 실존적 위기 속에서 죽음 이후를 생각하고 있었다. 그러던 중 한성 감옥에서 아펜젤러 선교사를 통해 영어로 된 신약성경을 받을 수 있었다. 이 성경은 죽음을 기다리는 그의 유일한 친구가 되었고, 그가 신앙인이 되게 하는 계기를 마련하였다. 그는 성경을 읽으며 배재학당에서 들은 설교를 기억했고, 자연스럽게 예배 때 배운 기도를 하게 되었다.

이승만은 이때 상황을 그의 회고록에서 이렇게 썼다.

"내가 품고 있는 질문은 꼭 한 가지, 이제 나는 어디로 가느냐 하는 것이었다. 그때 나는 학교 예배실에서 들은 설교를 기억하고 목에 씌운 형틀에 머리를 숙이고 평생 처음으로 기도했다. '오 하나님, 나의 영혼을 구해 주시옵소서. 오 하나님, 우리나라를 구해 주시옵소서.' 그랬더니 금방 감방이 빛으로 가득 채워지는 것 같았고 나의 마음에 기쁨이 넘치는 평안이 깃들면서 나는 완전히 변한 사람이 되었다."[103]

아펜젤러는 이승만과 감옥에 갇힌 그의 동지들에게 음식과 의복을 넣어 주면서 그들을 보살펴 주었다. 그때 이승만이 아펜젤러에게 자기 노부모 이야기를 했다. 그러자 아펜젤러는 밖에 있는 이승만의 노부모와 가족들까지 모두 돌보아 주었다.

이승만은 죽음의 고통을 느끼던 때 경험했던 신앙 체험을 주변 수감자들에게 전하기 시작했다. 그 결과 40명이 넘는 수감자들이 개종했다. 여기에는 이상재, 이원긍 등의 양반도 포함되었다.

이승만은 아펜젤러와 감옥 서장 김영선의 도움을 받아 감옥 안에서 옥중 문고를 만들고 감옥 학교를 열면서 옥중 예배를 인도하게 되었다. (이승만은 6년 동안 감옥에 있다가 특사로 풀려났다.)

1889년에 이승만이 아펜젤러를 선생님이라고 부르며 감옥에서 편지를 보냈다.

"저의 가난한 가족들을 위해 값비싼 담요와 쌀, 땔감 등을 보내 주신 데 대하여 어떤 감사의 인사를 드려야 할지 모르겠습니다. 의지할 데 없는 제 가족에게 먹고 살아갈 양식을 주신 하나님께 감사를 드립니다. 이곳 어둡고 축축한 감방은 요즘 너무나 춥습니다. 그러나 하나님의 은혜와 선생님의 자비로 저는 지금 옷이 충분하며 추위가 저를 더 이상 괴롭히지 못합니다."

---

103) 유영익, 『젊은 날의 이승만』, 연세대출판부, 2002, 61-62쪽

그다음 1900년의 편지이다.

"선생님이 저의 석방을 위해 백방으로 노력하신다는 것을 자주 듣고 있습니다. 진심으로 감사드립니다. 비록 세상의 권세 있는 모든 자들이 나를 대적한다고 할지라도 하나님의 뜻은 이루어질 것임을 확실히 믿습니다. 이 믿음이 저를 편안하게 해 주며 이 비참한 곳에서도 행복하게 만들어 줍니다."

감옥에 있는 이승만에게 하나님의 믿음이 얼마나 큰 힘이 되었는가를 알게 해 주는 편지이다.

아펜젤러가 1902년 사망했는데 그때 이승만은 감옥에서 아펜젤러의 사망 소식을 듣고 하루 반나절을 계속 울었다고 한다. 아무것도 먹지 않고 슬픔에 잠긴 채 계속 울었다. 그만큼 이승만은 배재학당의 은사 아펜젤러를 진정한 스승으로 여겼던 것이다.[104]

더 나아가 이승만은 감옥에서 의미 있는 삶을 찾았다. 그것은 감옥에서 학교를 만드는 것이었다. 깊은 신앙 체험을 통해 인간 영혼의 소중함을 깨달은 그는 수감자들을 교화할 필요성을 느꼈고, 영어, 일어, 문법, 산수, 한자, 성경, 기도 등을 가르치는 감옥 학교를 열었다.

또한, 선교사들이 감옥에 반입해 주는 서적들로 옥중 도서관을 만들었는데, 감옥 서장이었던 김영선은 이승만의 활동을 적극적으로 도와주었다. 도서관의 책은 주로 기독교 서적이었고, 당시 선교사들이 발행하던 『그리스도신문』, 『신학월보』도 있었다.

이승만의 기독교 신앙 체험과 개종이 중요한 이유는 그의 정치사상과 기독교가 연결되었기 때문이다. 그는 배재학당을 통해 민주 정신을 배웠

---

104) 이재만 목사, "아펜젤러와 배재학당과 이승만" 유튜브 영상 참조

고, 독립을 위한 자주 의식이 중요함을 깨달았다. 그는 기독교 신앙을 갖게 되면서 인간이 바른 의식을 갖게 하는 것이 기독교이고, 기독교가 바로 나라의 근본이 되어야 한다고 생각하게 되었다. 한성 감옥은 그의 정치관과 신앙관이 절묘하게 조화를 이루는 장소가 되었다.

조선을 위하여 뜬 별, 조선의 바다에 지다

1902년에 아펜젤러는 목포에서 열리는 성경 번역자 회의에 참가하기 위해 대판산성주식회사의 구마가와마루호에 타고 있었다. 배가 전라북도 군산시 옥도면에 위치한 어청도 앞 바다에 이르렀을 때 시간은 캄캄한 밤중이었다. 이때 같은 회사의 선박 기소가와마루호와 충돌하는 사고가 일어났다. 아펜젤러가 탔던 배에는 성경 번역 작업에 동참하기 위해 같이 승선한 비서 조한규와 정신여학교장 도티로부터 부탁받은 한 여학생이 함께 타고 있었다.

배가 침몰하기 시작했고 사람들은 배를 버리고 탈출하기 시작했다. 깨어 있었던 아펜젤러는 충분히 살 수 있었지만 조한규와 그 여학생을 구출하기 위해 이리저리 뛰어다니다가 구조되지 못하고 목숨을 잃었다. 그때 아펜젤러의 나이는 44세였다.

아펜젤러의 시신은 현재까지도 인양하지 못했으며, 서울 마포구 합정동 양화진 외국인 선교사 묘원에 가묘가 만들어져 있다.

이런 아펜젤러의 희생을 기리기 위해 서천 지역 어청도가 내다보이는 언덕에 아펜젤러 순직 기념관이 세워져 운영되고 있다. 한편 연세대학교 설립자인 호러스 그랜트 언더우드와는 서로 절친한 친구였고, 동료 선교사로서 바늘과 실과도 같은 관계였기 때문에, 그러한 뜻을 기리기 위해 연세대학교에는 아펜젤러의 이름을 딴 아펜젤러관(사적 제277호)이 건립되어 있다.

그림 25 아펜젤러 가족(1901년)
왼쪽부터 이다, 앨리스, 헨리, 헨리D, 엘라, 메어리

3. 스크랜턴 선교사 편

1장 — 어머니는 교육, 아들은 의료로 사랑 전해

2장 — 진정한 '선한 사마리아인'의 의료 선교 실천

3장 — 메리 스크랜턴, 조선 최초의 여학교 설립

4장 — 선교사의 딸 유관순

1장
어머니는 교육, 아들은 의료로 사랑 전해

윌리엄 벤턴 스크랜턴(William Benton Scranton)의 어머니 메리 플레처 벤턴 스크랜턴(Mary Fletcher Benton Scranton, 1832-1909)은 1832년 미국 매사추세츠 벨처 타운에서 출생했다. 부친은 뉴잉글랜드 감리교 목사인 에라스투스 벤턴(Erastus Benton, 1805-1884)이었다.

메리는 21세 되던 해인 1853년 철강 제조 업자인 윌리엄 스크랜턴(William Scranton)과 결혼했다. 그리고 결혼 3년 만인 1856년 둘 사이에 아들 윌리엄 벤턴 스크랜턴이 태어났다. [105]

메리의 남편 윌리엄은 철강 제조업을 해서 경제생활과 사회생활이 이미 안정되어 있었고 그 부친은 뉴헤이븐의 시의원이었다. 스크랜턴 부부는 아들 윌리엄 벤턴을 예일대 진학을 위한 예비학교였던 중등 과정의 홉킨스 학교에 입학시켰다.

그런데 메리와 윌리엄이 결혼한 지 20주년이 되는 해에 남편 윌리엄이 사망한 것이다. 40세의 나이로 홀몸이 된 메리 스크랜턴은 교회 봉사와 선교 활동에 많은 시간과 노력을 기울이기 시작했다. 그러면서 메리는 미국감리교회 '여성 해외 선교회'(Woman's Foreign Missionary Society) 조직

---

105) c.f Andrea Kwon, "The Legacy of Mary Scranton", Lausanne movement, https://lausanne.org/content/the-legacy-of-mary-scranton

활동에 참여하였다.

여성 해외 선교회 뉴헤이븐 지회의 활동은 당시 뉴헤이븐 제일교회 여성 교인들이 주도했는데, 그 중심에 메리가 있었던 것이다. 1874년에 메리는 여성 해외 선교회 뉴헤이븐 지회 부회장이 되었다.

이 시기에 1884년 서울을 방문해 조선 선교의 문을 여는 데 결정적 역할을 했던 감리교 선교사 로버트 맥클레이(Robert McClay) 박사가 안식년 휴가차 뉴헤이븐에 와 있었다. 그리고 그는 뉴헤이븐 제일교회 강단에서 설교를 했다. 이 시기에 메리 스크랜턴은 맥클레이를 통해 극동 아시아 선교에 관한 정보와 소식을 접하고 깊은 관심을 갖게 된 것으로 보인다.[106]

그림 26 어머니 메리 스크랜턴 / 아들 윌리엄 스크랜턴

아들 윌리엄 벤턴 스크랜턴(William Benton Scranton, 1856-1922)은 1878년 예일대를 졸업했다. 그는 의사가 되기로 결심하고 뉴욕으로 갔다. 이때 어머니 메리 스크랜턴도 뉴욕으로 옮겨 와 아들의 공부 뒷바라지를 하면서 뉴욕에서의 해외 선교 지회 활동에 열중했다.

---

106) 이덕주, "모자가 함께 한국선교 문 연 스크랜턴(3) 한국 첫 감리교 선교사 인준", 국민일보 참조

아들 윌리엄 벤턴 스크랜턴

1822년 벤턴 스크랜턴은 뉴욕 의과대학을 졸업하고 의학박사(M.D) 학위를 받았다. 당시 26세이던 벤턴은 그해 6월 코네티컷주 노리치에서 22세의 루이자 암즈와 결혼했다. 부부는 결혼 후 오하이오주 클리블랜드에서 자리를 잡았다. 어머니 스크랜턴도 클리블랜드로 가서 아들 내외와 가족은 클리블랜드 제일교회를 다녔다.

메리 스크랜턴은 이 교회에서 청년회 지도교사, 주일학교 부교장, 속장으로 활동했으며 교회의 여성 선교 기구 부인 조력회, 해외 여선교회, 국내 여선교회 등의 임원 또는 회원으로 활약했다. 메리 스크랜턴은 클리블랜드 지역의 해외 여선교회에 적극적으로 참여하면서 아시아 지역의 선교 사역, 특히 은둔국인 조선의 선교 사역에 대한 관심을 키워 나갔다.

의사 스크랜턴의 부인 루이자의 증언에 의하면 1884년쯤 누군가 클리블랜드로 시어머니를 만나러 왔다고 한다. 정황상 이 남성은 일본 선교사였던 해리스(Harris)였는데 그는 안식년으로 미국에 머물고 있었다. 그는 맥클레이로부터 조선 선교가 가능해졌다는 소식을 듣고 스크랜턴 가족을 찾아 의향을 물었던 것 같다.[107]

그런 일이 있은 후 한때 스크랜턴 박사가 장티푸스에 걸려 고생을 했으나 얼마 후 회복되었다. 그 과정에서 어머니 스크랜턴은 아들의 병을 간호하면서 조선에 의료 선교사로 나가도록 설득하였던 것 같다. 그런 과정에서 의사 스크랜턴은 조선에 의료 선교사로 나가기로 결심하게 되었고 아내 루이자도 남편을 따라나서기로 결심했다. 마침내 미국 감리교 해외 선교부는 1884년 10월 윌리엄 스크랜턴을 조선 파송의 선교사로 선발하였다.

---

107) 이덕주, 위의 글

메리 스크랜턴은 처음엔 아들 내외의 선교를 지원만 하고 자신이 직접 나설 생각을 하지 않았다. 그러나 해외 선교회 지도자들이 조선에 가서 아들 내외의 선교 사역과는 별도로 독자적인 설교 사역을 펼칠 것을 요청했다. 메리는 이 요청을 받아들이게 되었고 1884년 11월 미감리회 해외 선교회 총회에 의해서 선교사로 파송을 받았다.

이런 과정을 거쳐서 역사적인 미국 감리교 조선 개척 선교사단이 꾸려지게 된 것이다. 즉 의사 윌리엄 스크랜턴과 뉴저지 드루신학교 졸업생 아펜젤러는 미국 감리교 해외 선교부로부터 각각 1884년 10월과 12월에 조선 파견 의료 선교사 또는 교육 선교사로 파송을 받았고, 메리 스크랜턴은 미국 감리교 해외 여선교회로부터 1884년 11월 파송을 받게 된 것이다.

조선 개척 선교사단은 1885년 2월 3일 샌프란시스코항을 출발하여 27일 일본 요코하마항에 도착, 나가사키로 가서 부산을 경유 제물포항으로 향했다. 조선 감리교 개척단은 일본에서 조선으로 출발할 때 2진으로 나누어 출발하기로 하였다. 먼저 1진으로는 아펜젤러 부부가 조선으로 들어가고 다음 2진으로 스크랜턴 부부와 그들의 딸, 모친이 들어가기로 하였다.

그리하여 1진으로 아펜젤러 부부가 언더우드와 같은 배를 타고 1차 제물포항에 도착했다. 그러나 아펜젤러 부부는 미국 함정 오씨피호 함장의 판단에 따라 바로 한양에 입경하지 못하고 일본으로 되돌아갔다.

그러다가 1진 출발보다 약간 뒤에 의사 스크랜턴이 2진으로 그 어머니, 부인, 딸과도 분리되어 제물포항을 거쳐 한양에 입경하게 되었다.

한편 1진으로 한양 입경이 좌절되었던 아펜젤러 부부는 일본 요코하마로 되돌아갔다가 두 달 후에야 다시 조선을 향하게 되었는데 이때 스크랜턴 부인 루이자, 딸, 모친 메리 스크랜턴도 같이 동행하였다.

미국인 의사 시약소

한양에 감리교 선교사로는 제일 먼저 도착한 의사 윌리엄 스크랜턴은 정동의 미국 공사관 건너편에 한옥 한 채를 구입하여 입주하고 진료실을 차렸다. 그의 진료실을 찾아오는 환자들의 수는 나날이 증가하였다. 환자 수의 증가로 독자적인 병원 부지와 건물 마련이 시급했다.

그리하여 정동 사택 바로 아래, 지금의 정동제일교회 문화재 예배당(벧엘 예배당) 자리에 있던 한옥 기와집을 새로 구입하여 1886년 6월 정식으로 병원을 열었다. 이 스크랜턴 진료소의 명칭은 '미국인 의사 시약소(American Doctor's Dispensary)'였다.

스크랜턴 병원의 진료 환자 수는 첫해 약 2,000여 명, 다음 해에는 5,000여 명이나 되었다. 같은 의료 선교사였던 알렌(Allen)이 고종황제의 특혜로 정부의 지원을 받아 제중원을 세운 것과 달리, 선교사의 순수 투자로 설립된 스크랜턴의 병원에는 돈 없고 가난한 계층들이 모였다.[108]

그 무렵 서울에는 콜레라가 창궐했다. 거리엔 버려진 환자들이 많았다. 하루는 스크랜턴이 도성을 따라 걷고 있을 때 가마니를 뒤집어쓰고 있는 어머니와 딸을 보게 되었다. 그날 밤 혹한 속에서 스크랜턴은 수레꾼을 불러 그 여자 환자를 병원으로 데리고 가서 치료를 해 주었고 3주가 흐른 후에 그녀는 건강을 되찾게 되었다.

의사 스크랜턴은 성경에 나오는 선한 사마리아인의 미덕을 실천한 것이다. 이러한 스크랜턴의 착한 행실은 온 장안에 소문이 났고 그 후 찾아오는 환자는 더욱 늘었다.

---

108) 유성종, 이소윤, 『믿음의 땅, 순례의 길』, 두란노, 2016, 40쪽

조선시대 기관이나 건물이 국가로부터 가장 확실하게 인증을 받는 방법은 국왕이 이름을 지어 보내는 작명하사(作名下賜)였다.[109] 고종황제는 스크랜턴의 병원에 '시병원(施病院)'이라는 이름을 하사하였다. '시병원'이라는 이름은 기본적으로 스크랜턴의 한국 이름이 '시란돈(施蘭敦)'이었기 때문에 붙은 것이다.

스크랜턴은 시병원의 이름을 영어로 'Universal Hospital'이라고 번역했다. 이 베풀 시(施) 자의 시병원은 인류애의 은덕을 널리 펴서 가난하고 병든 조선의 백성을 고쳐 주고 구제해서 잘 살게 하고자 하는 스크랜턴의 마음과 그에게 그런 시혜(施惠)를 기대하는 당시의 고종 임금과 조선 조정, 그리고 조선 백성의 염원이 함께 녹아 흐르는 강물과도 같은 것이었다.

조선 여성을 위하여 여성 전용 병원을 개설하다

당시 조선에는 여성 환자가 남자 의사가 진료하는 병원에 갈 수 없다고 생각하는 고정관념이 있어 여성들이 거의 병원 혜택을 받지 못하고 있었다. 스크랜턴(W. B. Scranton) 박사는 이 현실을 안타깝게 생각했다. 그리하여 여성들만을 위한 병원을 설립하기로 결심하였다. 그리고 이를 위하여 병원 설립 기금을 보내 달라는 청원을 미국 감리교 여성 해외 선교부에 제출하였다.

---

109) 유성종, 이소윤, 위의 책, 41쪽

그림 27 조선 최초의 여성 전용 병원 보구녀관

　이것이 승인이 되어 같은 해 10월에 미국 감리교 여의사인 하워드(M. Howard)가 내한, 서울 정동(貞洞)에 있는 이화학당 구내에서 여성 환자를 치료하기 시작하였다. 고종은 이런 의료 사업을 치하하고 격려하는 뜻으로 이 병원에 '보구녀관(普救女館)'이라는 이름을 하사하였다.

　처음 10개월 동안 하워드 여의사는 1,137명을 치료하였고, 다음 해에는 1,423명의 환자를 돌보았다. 이런 일들이 그녀에게 과로를 가져와서 건강을 해쳐 2년 만에 귀국하게 되었다. 하워드의 후임이 오기까지 이 보구녀관은 스크랜턴 의사가 약 1년 동안 돌보았다.

　1890년 10월에 하워드의 후임으로 셔우드(R. Sherwood)가 내한하여 처음 10개월 동안에 무려 2,350명의 여자 환자를 치료하였고 그 밖에 82명에 대한 왕진을 실시하였으며 35명을 입원 치료하게 하는 등 열정적인 활동을 벌였다.[110]

---

110) 보구녀관[普救女館] - 한국민족문화대백과사전

조선인 여성 의사를 양성

셔우드 박사는 여성 환자들을 돌보기 위한 여성 의료 인력의 현지화 사업에 착수하여 조선에서는 최초로 여성 의사의 양성을 위한 의학 교육을 실시하였다. 먼저 이화학당 학생 4명과 일본 여인 1명으로 의학훈련반(Medical Training Class)을 조직하고 이들에게 기초적인 의학훈련을 시켰다.

이런 훈련의 열매로서 이 중의 한 사람인 김에스더(흔히 박에스더라고도 부름)는 1896년 10월에 미국 유학의 길에 올라 볼티모어 여자의과대학(The Woman's Medical College of Baltimore)에 입학하여 정식으로 의학 수업을 받고 1900년에 이 학교에서 학위를 받고 귀국하여 우리나라 최초의 여의사가 되었다.

김에스더는 귀국 후 정동에 있는 보구녀관과 평양의 감리교 의료 기관에서 일하면서 한국 여성을 위한 의료 사업과 여성의 지위 향상에 크게 이바지하였다.

그림 28 조선 최초의 여성 의사 박에스더

2장
진정한 '선한 사마리아인'의 의료 선교 실천

그런데 이때 윌리엄 스크랜턴은 안전하고 편리한 정동을 떠날 계획을 세우고 있었다. 귀족들이나 외국인 등 당시 상류층 환자를 치료하는 병원이 아니라 극빈자와 버림받은 자가 즐비한 성곽 밖의 가난하고 소외당한 민중을 구하는 선한 사마리아인이 되고자 했다.

그래서 스크랜턴은 정동에 있던 시병원을 폐쇄하고 대신 서울의 여리고 골짜기에 해당되는 4대문 성곽 밖의 빈민촌에 선한 사마리아인 병원들을 개설해 나갔다. 새로이 개설하는 병원들의 임시 이름은 '시약소(施藥所 : dispensary)'였다. 그렇게 1888년 12월의 애오개 시약소, 1890년의 남대문 시약소, 1892년의 동대문 시약소를 차례로 열었다.

애오개 시약소/아현감리교회 개설

1887년에는 콜레라가 만연하였다. 전염병이 어느 정도 가라앉자 스크랜턴은 새로운 계획을 세우고 선교부에 보고했다.

"조선에서는 하인 같은 사람들이 회생 불가능한 병에 들거나 전염병에 걸리면 성 밖으로 추방되어 짚으로 만든 움막 안에서 혼자 살도록 버려지는데 이런 불쌍한 사람들에게는 집조차 제공되지 않습니다. … 조선에는 이런 환자들을 돌볼 만한 자선 기관이 거의 없는 형편이라 환자들이 살아날 가능성은 희박합니다. 서울 성문 밖 어느 곳을 가 보든지 언제나 이처럼 버려진 환자들을 수백 명씩 발견할 수 있습니다. 우리는 가능하다면 이처럼 전염병이 창궐한 특별한 지역에 집 한 채를 마련해서 이런 환자들을 위한 수용 시설로 꾸며 치료와 함께 필요한 땔감과 음식을 제공하고자 합니다."[111]

스크랜턴의 의료 봉사가 큰 호응을 얻자 선교부는 1887년 11월 서울 밖 사업을 허락했다. 그 첫 번째 진료소 후보지가 지금의 아현동으로 서대문에서 마포로 나가는 나지막한 고갯길인 애오개였다.

'애오개'란 '아기 고개'라는 뜻으로 죽은 아이를 내다 버리는 곳이었다. 이곳에는 원래 전염병 환자들을 격리 수용하던 '서활인서(西活人署)'가 있었는데 이곳을 인수받아 1888년 12월부터 시약소 형태로 의료 사업을 시작한 것이다. 애오개는 이와 같이 가난하고 버림받은 사람들이 살던 곳, 장사꾼들의 왕래가 빈번한 곳, 무덤이 있어 울음소리와 무당 푸닥거리가 끊임없던 곳이었다.[112]

시약소는 환자들만 치료하는 것으로 끝나지 않고 환자와 주민들을 대상으로 복음 전도도 실시했다. 윌리엄 스크랜턴이 조선에서 펼친 의료 선교의 양식을 따라 약국과 병원에서 직원들과 환자들이 모여 성경을 읽고 십계명과 사도신경을 암송하고, 외래 환자를 위해 선교사가 설교와 기독교

---

111) 유성종, 이소윤, 『믿음의 땅, 순례의 길』, 두란노, 2016, 43쪽에 인용된, "윌리엄 스크랜턴이 레이드 박사에게 보낸 편지 중에서, 1887"을 일부 생략 재인용

112) 유성종, 이소윤, 위의 책, 50쪽

소개 등을 하고 기도와 세례 문답도 하는 등 시약소는 교회와 복합 양식으로 조직되었던 것이다.113)

　스크랜턴 대부인은 애오개에 시약소가 개설되자 이화학당 학생들을 데리고 나가 노방전도를 실시해 애오개 교인들을 얻었다.

　시약소는 의사가 상주하는 병원이 아니고 약품을 비치하고 경미한 환자들을 돌보는 곳으로 시병원의 분원 역할을 했다. 그래서 스크랜턴이 정동과 애오개를 오가면서 환자를 돌보았다. 그러다가 애오개 시약소는 1891년 남대문 시약소가 개시되면서 합쳐졌다.

　스크랜턴 대부인은 애오개에서 부인과 어린이를 대상으로 전도 활동을 이어 갔다. 1891년부터 시약소 기능은 쇠퇴되고 올링거(F. Ohlinger) 선교사가 애오개 선교를 맡아 시약소 건물에서 집회를 시작하였고, 1893년 9월부터 노블(W. A. Noble) 선교사 부부가 올링거의 뒤를 이어 애오개 선교를 담당했다. 노블 부부가 애오개 선교를 맡으면서 교회의 안정적 성장이 이루어져 교인이 많을 때는 100여 명이었다.

　노블 부인은 문맹의 여성과 아이들에게 기독교 교리와 한글을 가르쳤다. 노블 부부의 애오개 선교는 활기를 띠었으나 청일전쟁으로 교인이 흩어지고 인근 천주교인과의 분쟁이 일어나면서 위축되었다. 거기에 노블 부인이 건강 문제로 일시 귀국하게 되자 애오개 집회는 침체에 빠지게 되었다. 그러나 여성 교인들의 요청으로 1897년 애오개에 매일학교가 개설되면서 복음 선교가 되살아났다.114)

　그렇게 해서 발전한 것이 오늘날의 아현감리교회이다.115) 아현감리교회

---

113) 김신권 교수의 서울신학대학교 현대 기독교 역사연구소 세미나 발표문 참조, 크리스천투데이, 2019. 06. 05.
114) 아현교회(阿峴敎會) - 한국민족문화대백과사전
115) 성경환, 애오개 시약소로 출발한 아현감리교회

는 1909년 첫 한국인 목사, 현순이 부임한 이후 오태주 등 한국인 목사로 담임이 이어지면서 비약적인 발전을 하였다. 1925년에는 미국에서 보내온 선교 헌금으로 이전의 'ㄱ' 자 한옥 예배당을 허물고, 60평 규모의 벽돌 예배당을 지었다. (1930년대 서울시의 도로 계획에 따라 예배당을 다시 옮겨 지었다.)[116]

남대문 시약소/상동감리교회 개설

윌리엄 스크랜턴은 남대문시장과 인접한 상동 언덕에 여러 필지의 땅을 사들였다. 그곳에 있던 한옥을 개조한 후 1890년 10월에 남대문 시약소를 열었다.

다음 해에는 지하 1층, 지상 1층의 벽돌조 건물을 지어 입원실 2개와 조제실, 대기실을 만들었다. 남대문 시약소도 정동 시병원과 보구녀관처럼 전도 활동을 하였다.

1893년 남대문 시약소 예배 처소는 정식으로 상동교회로 승격되었고, 초대 담임목사는 윌리엄 스크랜턴이었다. 95년에 윌리엄 스크랜턴 선교사가 정동 시병원을 폐쇄하고 상동병원으로 통합시키자 넓은 시설 공간이 필요했다. 그래서 어머니 메리 스크랜턴은 지금의 한국은행 바로 뒤편에 있던 달성위궁(達城尉宮)에 널찍한 한옥을 사서 예배당을 만들어 상동병원의 예배 기능을 이쪽으로 분리했다. 그러다가 1900년 7월 상동병원이 세브란스병원과 통합되었다. 남대문의 상동병원 자리가 비게 된 것이다.

스크랜턴 모자와 상동교회 교인들은 그 자리에 현대식 교회 건물을 신축하고 마침내 1900년 7월 상량식을 올렸다. 상동교회 건축의 재원은 스크랜턴 모자가 미국에서 미드(Mead) 양으로부터 기부받은 돈 4,000달러와 성도들이 감사의 기도로 모은 돈으로 충당하였다.

---

116) 아현교회 - 앞의 글

새 예배당 공사는 1년 만에 무사히 끝나 외부 기부자인 미드(Mead) 양의 이름을 따서 '미드 기념 예배당'(Mead Memorial Church)으로 명명되었다.[117]

1901년 5월에 상동교회에서 열린 제17회 한국 감리교 선교 매년회에서 지방을 셋으로 나누고(남방·북방·서방) 각 지방에 장로사(長老師)를 두었는데 스크랜턴은 남방지방회 장로사로 임명되었다. 장로사로서 그는 서울을 비롯하여 이천·광주·수원·여주 지역을 맡아 교인들을 돌보았고, 선교 주관자로서 평안도 지방회·황해도지방회·경기서부 및 충청도 지방회 그리고 여선교회 사업까지 총감독해야 했다.

1902년 불행하게도 조선 선교의 총괄 관리자 역할을 하던 아펜젤러가 해양 사고로 순직하게 되었다. 이때부터 조선 선교의 총괄적인 관리에 공백이 생기게 된 것이다.

그보다 조금 앞서 1901년 메리 스크랜턴의 건강히 급격히 나빠져 국내 치료가 불가능하다고 판단한 아들 윌리엄 스크랜턴 박사는 본국으로 모시고 가서 치료를 받았다. 그러다가 하나님의 은혜로 1904년으로 대부인의 건강이 회복되었고, 스크랜턴 박사도 다시 조선에 나갈 수 있게 되었다.

당시는 러일전쟁(露日戰爭)이 진행되던 중이었는데, 1904년 5월 미국 북감리회 총회는 새로 감독으로 선출된 해리스(M. C. Harris, 1846-1921)에게 일본과 조선 선교를 관리하도록 위임하였다. 해리스 감독은 요양 중인 스크랜턴 가족을 찾아가 도움을 요청하였으며, 이에 이들 모자는 1904년 9월 다시 조선에 나왔다. 이후 윌리엄 스크랜턴 박사는 주로 일본에 거주하던 해리스 감독을 대신하여 조선 감리교 감리사 겸 경기도(京畿道) 지방 장로사로 선교 사역을 재개하였다.

---

117) 최재건, "윌리엄 스크랜튼 선교사", 최재건의 한국근현대사와 기독교 http://www.cjk42.com/108

전덕기 목사, 스크랜턴 박사의 사역을 이어받다

전덕기는 처음에는 스크랜턴 박사 부부 집 부엌 일꾼으로 들어갔다가 나중에 요리사가 되어 수년간 일을 하면서 스크랜턴 부부의 가정생활에 깊은 영향을 받아 "스크랜턴 박사님같이 되고 싶어요"라고 하였던 인물이라고 한다.[118]

4년간 스크랜턴 가정의 고용인과 요리사로 생활하면서 스크랜턴 부부의 기독교적 삶을 직접 목도한 그는 자신의 이후 삶 역시 스크랜턴 박사 부부의 삶, 곧 기독인으로서의 헌신적인 삶과 복음 전도 사역자로서의 방향을 굳게 잡았던 것이다.

이렇게 1892년 스크랜턴 가족과 인연을 맺으면서 감리교 신앙을 접하게 된 전덕기는 22세 되던 1896년(고종 23) 상동교회에서 세례를 받았다. 이후 전덕기는 매일 남대문시장에 나가 전도하는 등 열성적으로 신앙생활을 했다. 그 결과 24세이던 1898년(고종 25)에는 상동교회 속장(屬長)이 됐다.

뒤이어 직업 목회자가 될 결심을 한 전덕기는 26세이던 1900년(고종 27) 감리교신학대의 모체인 신학회(神學會)에 입학했다. 그는 27세이던 1901년(고종 28)에는 권사가 됐고, 다음 해인 1902년(고종 29)에는 전도사가 됐다. 그리고 1907년(고종 34) 33세 나이에 목사 안수를 받았다.

1902년부터 전덕기는 상동교회 전도사로 활동하기 시작했고 1904년부터 스크랜턴 선교사가 조선 감리교 감리사의 직책을 맡았기 때문에 1902년을 기점으로 교회 설교 등 중요 업무가 전도사인 전덕기에게 넘어

---

118) W. A. Noble, "Pioneers of Korea", Within the Gate, C.A. Sauer ed, The Korea Methodist News Service, Seoul,1934, p.29 (이덕주, "전덕기의 생애와 사상", 『나라사랑』 (전덕기 선생 특집호), 1998, 제97집, 31쪽 재인용)

가게 된 것이다.

28세의 전도사에 불과한 전덕기가 상동교회의 운영을 주도할 수 있었던 것은 그의 열렬한 신앙생활과 탁월한 설교 능력 때문이었다.[119]

전도사 전덕기는 1907년 스크랜턴의 후임으로 상동교회의 담임목사가 되었다. 전덕기는 1904년 청년 교육기관인 상동청년학원(尙洞靑年學院)을 설립했고, 이곳에서 교인이었던 주시경(周時經)의 한글 강습이 이루어지기도 하였다.[120]

'상동청년학원'은 어떤 곳인가? 이승만이 『신학월보』 1904년 11월 호에 기고한 "상동청년회에 학교를 설치함"이란 글에서 상동청년학원은 이런 학교라고 설명한다. 1) 상동교회 '엡워스' 청년회가 주축이 되어 만들었고, 2) 스크랜턴 목사가 떠난 후 전덕기가 중심이 되어 우리나라 사람끼리 하는 일이며, 3) 재주만 가르치지 않고 '전인교육'을 목표로 한다.[121]

1904년 8월 9일 출옥 후 당분간 휴식을 취하던 이승만은 1904년 10월 15일 전덕기, 주상호(주시경), 박용만, 정순만 등 청년 동지들이 설립한 '상동청년학원' 초대 교장으로 추대되어 기독교 교육 운동에 투신하였다. 그러나 그는 교장 취임 후 3주 만에 미국으로 떠났다.

이승만이 돌연 상동청년학원을 사임하고 미국으로 떠난 이유는 무엇일까? 선교사들의 적극적인 추천을 받아 미국 유학을 준비 중이던 이승만이

---

119) 신명호의 한국사 대전환기 영웅들(제3부), 근현대 서구화와 기독교 수용의 주역들(7) 근대민족운동 이끈 전덕기 목사, 월간중앙, 202011호

120) "이달의 독립운동가 전덕기", 공훈 전자 사료관: https://e-gonghun.mpva.go.kr

121) 이정식, 2005: 231-245쪽 재인용, 류석춘 "이승만이 '상동청년학원' 교장 취임 3주 후 급히 미국으로 떠난 까닭", 자유일보

당시 총리대신 민영환과 법부대신 한규설의 긴급한 부탁을 받고 미국의 도움을 요청하는 서신을 전달할 겸, 계획했던 유학을 조기 실현 시킨 것이 아닌가 추측하고 있다.[122]

상동교회는 감리교 창립자 존 웨슬리(John Wesley)의 영국 고향 마을 엡워스(Epworth) 지명을 딴 '엡워스 청년회'를 운영하고 있었다. 이 엡워스 청년회에는 독립협회의 해산 이후에 활동처를 잃었던 청년 독립운동가들이 모여들어 반일 청년 활동의 본거지가 되었다. 이 교회의 청년회가 '지덕체'(智德體)를 동시에 추구하는 전인교육을 목표로 세운 학교가 '상동청년학원'이었다.

상동교회 구국운동의 모태로 발전

그림 29 전덕기 목사 / 주시경 선생

---

122) 류석춘, 위의 글

그림 30 안창호 선생 / 김구 선생

    그런 상황에서 전덕기 전도사는 개신교 조직이 중심이 되고 시민단체가 뒷받침하는 방식의 기독교 구국운동을 전개했다.

    전덕기 전도사의 기독교 구국운동은 특히 기독교 청년조직을 핵심으로 했다. 그 첫 번째 단계는 1903년 5월 엡워스 청년회의 전국 확장 및 타 교단 문호 개방이었다. 그 결과 황해도에서 장로교 계통의 구국운동을 벌이던 백범 김구가 진남포의 엡워스 청년회 총무가 될 수 있었다.

    이어서 전덕기 전도사는 1904년 9월 상동청년학원을 설립해 기독교 청년 교육을 주도했다. 이 상동청년학원에는 이승만, 주시경, 남궁억, 이동휘 등이 참여했다.

    요컨대 엡워스 청년회와 상동청년학원을 통해 전덕기 전도사는 이승만, 주시경, 김구, 이동휘, 남궁억, 안창호 등 근대민족운동의 정예분자들을 결집할 수 있었다.

    상동청년회가 주목받게 된 것은 1905년 을사조약이 체결되자 반대운동을 주도하면서부터이다. 이들은 을사조약이 체결되기 전에는 구국기도회를 열어 반대 여론을 조성하고, 을사조약이 체결된 후에는 덕수궁 대한문 앞에서 '도끼 상소'와 종로에서의 대중 집회를 결행했다. [123]

'도끼 상소'란 말은 쓰지 않았지만 김구 선생은 그의 『백범 일지』에서 그때의 상황을 이렇게 쓰고 있다.

"[김구 선생은] 진남포 의법청년회(懿法靑年會: 엡워스 청년회를 말함) 총무의 임무를 이어받고 그 회의 대표 자격으로 경성에 파견되었다. 경성 상동(尙洞: 상동교회)에 가서 의법청년회에 대표 위임장을 제출하였다. 그때 각 도의 청년회 대표가 모여, 표면으로는 교회 사업을 토의하지만 이면에서는 순전히 애국운동이었다. … 회의한 결과 상소하기로 하여, 상소문은 이준(李儁)이 짓고 제1회 소수(疏首: 상소를 올릴 때 제일 먼저 이름을 올리는 우두머리)는 최재학이 맡고, 그 외 4인을 더하여 5인이 신민(臣民)의 대표로 서명하였는데…."[124]

이날 대한문 앞에서 상소에 서명한 5인이 상소 의식을 진행하는 도중, 갑자기 왜(倭) 순사대가 나타나 단속하였다. 5인이 일시에 왜 순사에게 달려들어 내정 간섭하지 말라고 항의하니 왜놈의 검광이 번쩍이면서 5인 지사와의 맨손 싸움이 벌어졌다. 부근에서 호위하던 상소단은 소리를 벽력같이 지르며 격분의 연설을 곳곳에서 하고, 모여든 군중들이 사방에서 웅성거리는 가운데 경찰대는 5인 지사를 경무청에 감금하였다.

대한문 앞에 모였던 청년들과 군중들은 종로로 나가 연설회를 개최하였다. 이때 왜 순사가 나타나 칼을 뽑아 들었다. 연설하던 청년이 맨손으로

---
123) 도끼 상소는 도끼를 메고 가서 상소 내용을 들어주지 않으려면 가지고 간 도끼로 목을 치라는 뜻이었다.
124) 김구, 『백범 일지』, 백태남, 조윤형(역주), 초판 1쇄, 에스앤아이팩토리, 2023, 230-232쪽

왜 순사를 거꾸러뜨리자 순사들이 발포하였다. 그때 종로에 어물전 도매점이 화재를 당한 후라 기와와 벽돌이 산적하였다. 시위대는 이 기와와 벽돌을 왜 순사들에게 던지고 순사대는 총을 쏘며 달려들어 종로 일대에는 시가전이 벌어졌다. 왜 보병 중대가 인산인해의 군중을 해산시키고 왜놈들이 한국인은 잡히는 대로 포박하여 수십 명이 갇혔다.[125]

조선통감 이토 히로부미는 친일파인 해리스(M. C. Harris) 감독을 통해 스크랜턴에게 상동(엡워스)청년회의 해산을 강력하게 요구했다.[126] 그래서 1906년 5월 13일에 해리스 감독의 사회로 북감리교 제2회 한국선교연회가 모였을 때 정식 결의로 엡워스 청년회의 해체를 명령했다.

상동청년회는 해산되었지만 이들은 1907년 헤이그 특사 파견에도 중요한 역할을 하였다. 전덕기는 네덜란드 헤이그에서 만국평화회의가 열릴 것이라는 소식을 듣자 이회영(李會榮)과 협의하여 고종에게 특사 파견을 건의했다. 이상설은 이회영, 이준 등과 함께 상동교회 지하실에서 몰래 의논하였고 전덕기와 이상재도 이를 지원하였다. 이준은 상동청년회 소속으로 고종의 신임장과 경비 마련을 마무리 지었다.[127]

이런 분위기에서 1907년 상동파 인사들이 주축이 되어 비밀결사 신민회(新民會)가 결성되었다. 발기인은 안창호, 양기탁, 유동열, 이갑, 이동녕, 이동휘, 전덕기 등 7인이며, 미국에서 갓 귀국한 안창호를 제외하면 모두 상동파 인사이다. 이때 전덕기는 신민회 재무와 서울 총감을 맡았다.

---

125) 위의 책, 232-233쪽
126) 해피코리아e뉴스 (http://www.happykorea.news/news/articleView.html?idxno=8255)
127) 다음의 두 자료를 참조
   1) "대한민국을 빛낸 기독교 120인- ⑬전덕기", 해피코리아e뉴스
      http://www.happykorea.news
   2) 기억의 날, 4편 영원한 상동청년회 회장 전덕기, 국립서울현충원

1910년 '안명근 군자금 모금사건'(안악 사건)을 통해 조직의 일단이 드러나자, 일제는 '데라우치 총독 암살 음모 사건'(105인 사건)을 조작하여 600여 명을 검거한 후에 122명을 기소했다. 1심에서 105명이 유죄 판결을 받았으나 1913년 대구복심법원은 99명을 무죄로 석방했다. 재판부가 조작된 사건임을 인정한 결과였다.

전덕기도 체포되었다가 3개월 만에 병보석으로 풀려났지만 고문으로 얻은 병을 회복하지 못하고 1914년 3월 23일 하나님의 부르심을 받았다.

한편 스크랜턴 박사는 돌연 1907년 6월 서울에서 열린 감리교 선교연회에서 선교사직(조선 감리교 감리사직도 함께)을 사임했다. 연회는 그를 본처 사역자(local preacher)로 직함을 바꾸었다. 그의 사임 이유에 대해서 분명하지는 않지만 당시 감독으로 대표적인 친일파 선교사로 알려진 해리스(M. C. Harris) 감독과 그의 편을 들어 주는 선교부와의 불편한 관계가 결국 스크랜턴으로 하여금 선교사직을 그만두도록 했을 것이라는 평가가 나오고 있다.[128]

상동교회는 일제강점기에 명맥을 유지하다 1944년 폐쇄되었다. 1945년 광복을 맞으면서 상동교회는 다시 재설립되었으며, 1976년 교회는 기존의 건물을 철거하고, 지하 1층 지상 12층 규모의 건물을 신축하였다. 상동교회는 건물의 7층 이상을 교회 공간으로 사용하고, 6층 이하와 지하층에는 백화점을 세워 그 이윤으로 교회 운영 및 개척교회의 선교 활동을 지원하였다.

---

128) "스크랜턴(William Benton Scranton, 1856. 5. 29.~1922. 3. 23.)", 감리교 인물 DB, 기독교 대한 감리회 역사 자료 검색 서비스

동대문 시약소/동대문교회 개설

'4대문 성곽 밖으로의 시약소 진출'이라는 스크랜턴 의사 중심의 감리교 의료 선교 기획의 일환으로 1893년에는 동대문 쪽에 보구녀관 동대문 분원이 설치되었다. 이 동대문 시약소에는 '볼드윈 시약소(Baldwin Dispensary)'라는 이름이 붙여졌다.

볼드윈 여사(L. B. Baldwin)는 미국 오하이오주 클리블랜드에 사는 인물로 조선의 여성 운동과 여성 의료 사업에 써 달라고 거액의 자금을 희사하였다. 그 돈으로 흥인지문 옆 동대문교회 근처의 토지와 가옥을 구입하여 이곳에 시약소를 개설하였던 것이다. 이것이 이화 여자대학교 의과대학 부속병원으로 발전하였고 이 병원은 뒤에 매각되어 없어지게 되었다.

이후 1993년에는 양천구 목동에 이대목동병원이 설립되었고, 2019년에는 강서구 마곡지구에 또 하나의 이대의료원인 이대 서울병원이 건립되어 현재에 이르고 있다.

이 동대문 시약소는 또 오늘날의 동대문교회의 모체가 되기도 하였다.[129]

---

129) 위키백과에는 다음과 같이 나와 있다.
동대문교회(東大門敎會) 또는 동대문감리교회(東大門監理敎會)는 대한민국의 감리교 소속 개신교 교회이다. 서울 종로구 종로6가에 있었다. 현재는 기존 동대문교회의 재산과 철거 당시 목사를 승계한 중앙연회 소속 경기도 성남시 분당구 분당로 328(분당동)에 있는 동대문교회와, 서울연회에서 재건한 서울 종로구 종로57길 8(숭인동) 동양 B/D 3층에 있는 동대문교회로 분열되었다. 대한감리회에서는 분당동 동대문교회를 19세기에 세워진 동대문교회로 인정한다.

3장

메리 스크랜턴, 조선 최초의 여학교 설립

 의사 스크랜턴이나 그의 어머니 메리 스크랜턴은 어디까지나 선교사였다. 아들 스크랜턴은 병원을 설립하고 환자들을 진료하는 의료 활동을 통하여 조선 땅에 하나님의 사랑을 전하려는 의료 선교를 하였다. 어머니 스크랜턴은 조선에 지금까지 본격화되지 않았던 근대식 교육 기관의 설립과 교육, 특히 여성 교육의 요람인 여학교를 설립하여 조선의 개화가 촉진되고 그에 따라 기독교 사상 전파도 촉진될 수 있도록 교육 선교에 힘을 기울였다.
 스크랜턴 여사는 여학교 설립에 있어 필수적인 것은 국왕과 조선 조정의 승인을 얻는 것이라고 보았다. 그래서 1885년 말 미국 공사관을 통해 여학교의 설립과 운영에 대한 자신의 구상을 정리한 글을 조선 조정에 제출했다. 그 결과 국왕의 호의적인 응답이 전달됐다.
 그리하여 미국 선교부에 다음과 같은 보고서를 올렸다.

 "황제는 내가 조선에 와서 무엇을 하려고 하는지에 대해 소식을 듣고 계십니다. 황제는 대단히 따뜻한 격려의 말씀을 보내 주셨으며 며칠 전 그는 어떤 모임에서 연설하는 가운데 여자학교에 대해 찬성하시는 말씀을 하셨습니다."

국왕의 호의적인 응답이 왔다는 것 자체가 학교 설립의 정식 인가가 난 것이나 다름없었다. 그래서 스크랜턴 부인은 1886년 2월 서울 정동의 선교 부지 안에 있던 초가집 22채와 작은 기와집 6채를 헐고 학교 교사(校舍) 건축을 시작했고 10개월 만에 공사를 끝냈다. 스크랜턴이 세운 학교는 조선의 여성들에게 서양식 교육을 하기 위한 것이었지만 학교 건물마저 완전히 양식(洋式)으로 지을 수는 없었다. 기와지붕의 궁궐이나 대감 저택의 건축 양식으로 교육의 공간, 기숙의 공간들이 마련되었고, 조선의 여성들이 마음 놓고 학교에 다닐 수 있도록 99칸 양반 가옥의 2배 규모가 넘는 건물에 솟을대문에 하마비(下馬碑)까지 갖추었다.

그림 31 1886년 지어진 이화학당

정동 여학교의 첫 번째 학생

학교는 지어 놓았지만 학생의 확보가 문제였다. 봉건적 사회 분위기 속에 지체가 번듯한 가정의 여아를 선뜻 신식 학교에 보내려는 학부형은 없었다. 차라리 과부나 고아, 가난한 집 아이들을 데려다 먹이고 입혀 주면서 가르치는 방식이 더 현실에 맞았다. 이런 가운데 의외로 찾아오는 학생이 있었다.

첫 학생은 한 관리의 첩으로서 남편은 이 여인이 영어를 배워 후에 왕비의 통역이 되기를 바라고 정동 여학교에 응모하였다. 이 첫 학생은 석 달 만에 그만두기는 하였지만 이화학당은 첫 학생의 첫 번째 영어 수업이 이루어진 날 즉 1886년 5월 31일을 학당의 창립기념일로 지키고 있다.

그림 32 이화학당 첫 기숙 학생들(1887년경)

한 달 뒤에 한 소녀가 다시 찾아왔다. 이 소녀는 가난 때문에 정동 여학교에 들어와서 양육되기를 바라고 왔던 것이다. 그런데 며칠 후 어머니가 찾아와서 차라리 굶을지언정 외국인에게 딸을 맡길 수가 없다고 했다. 동네 사람들은 딸을 미국으로 데려갈 것이라는 소문도 냈다.

스크랜턴 부인은 그 학생의 어머니에게 딸을 외국으로 데려가지 않겠다는 서약서까지 써 주고 그 학생을 입학시켰다. 서약서의 내용은 아래와 같다.

"미국인 야소교 선교사 스크랜턴은 조선인 박(朴) 씨와 다음과 같이 계약하고 이 계약을 위반하는 때는 어떠한 벌이든지 어떠한 요구든지 받기로 함. 나는 당신의 딸 복순(福順)이를 맡아 기르며 공부시키되 당신의 허락이 없이는 서방(西方)은 물론 조선 안에서라도 단 십 리라도 데리고 나가지 않기를 서약함. 1886년 月 日 스크랜턴."[130]

---

130) 이화학당(梨花學堂) - 한국민족문화대백과사전

복순이는 처음에는 대책 없는 학생이었으나 1년 만에 통역을 돕는 유능한 학생으로 육성되었다.

또 한 사람의 초창기 학생은 고아 출신의 12세 여학생이었는데 이름은 음전이었다. 그는 미국 학생들에 비하여도 뒤지지 않는 학업 성취도를 보여 주었다.

또 한 사람 간난이는 윌리엄 스크랜턴 박사가 병원 건물을 짓고 처음 받아들인 환자의 딸이었다.

편액(扁額)이 내려지다

이렇게 해서 정동 여학교의 수업이 시작되었고 1887년 학생이 7명으로 늘어났을 때, 고종황제는 스크랜턴 부인의 노고(勞苦)를 알고 친히 '이화학당(梨花學堂: 배꽃 배움집)'이라는 교명을 지어 주고 외무독판(外務督辦) 김윤식(金允植)을 통해 편액(扁額)을 보내와 그 앞날을 격려했다.

당초에 스크랜턴 부인은 교명(校名)을 전신학교(專信學校, Entire Trust School)라 지으려 했으나, 고종황제의 은총에 화답하는 마음으로 '이화'로 택하였다. 당시에 황실을 상징하는 꽃이 순결한 배꽃(梨花)이었는데, 이는 여성의 순결성과 명랑성을 상징하는 매우 적합한 교명이 되었다.

이화학당(梨花學堂), 수업이 시작되다

이때부터 부녀자들 간에는 풍문으로만 듣던 서양 사람도 보고 양국관(洋國館, 이화학당)에서 수업하는 학생들도 구경하기 위해 이화학당으로 모여들기 시작했다. 그들이 오면 스크랜턴 학당장은 으레 이경숙(李慶淑) 선생에게 교사(校舍)를 공개하고 상세히 설명하도록 하였다.

이경숙은 1851년 충청남도 홍성의 가난한 선비의 집에서 태어나 15세 때 결혼했으나 일찍 남편을 여의고 여승이 되었다가 39세 때 선교사의 한국어 선생인 친구 남편의 소개로 스크랜턴을 만나게 되었다. 그는 양반 가문의 후예였기 때문에 어려서부터 한문과 한글 공부를 많이 해 둔 것이 인연이 되어 이화학당의 한글 선생 겸 스크랜턴의 비서 격으로 채용되었다.

그는 한글을 가르칠 뿐만 아니라 이화학당을 구경 오는 많은 부녀자들에게 교사를 공개하고 안내하면서 서양 문명을 이해시키는 데 힘썼고 이화학당과 가정주부들과의 유대를 강화해 나가는 데 크게 공헌했다.[131]

그 후, 이화학당은 1888년에 학생 수가 18명으로 늘어나 기숙사 생활을 하면서 교육을 받았고, 다시 1893년에는 학생 수가 30명으로 늘어났다.

조선 여성들 이름을 얻다

이화학당은 우여곡절을 겪으면서도 꾸준히 발전하여 훌륭한 여학생들을 많이 길러 내게 되었다. 당시 조선의 여성들에게는 이름이 없었다. 그래서 이들이 세례를 받을 때는 기독교식 이름을 지어 주었다. 이름 없던 소녀들이 스크랜턴 여사가 세운 교당(방안교회)에서 얻은 기독교식 이름을 달고 학당에 입교하였다.

여메례(Mary), 박에스더(Esther), 하란사(Nancy), 양우로더(Rhoda), 손메레, 노샬롬(Shalom), 주룰루(Lulu), 김활란(Helen), 차미리사(Mellisa), 김로득(Ruth), 황애덕(Esther)이 그들이었다.[132]

이화학당의 교육 이념은 투철하였다. 스크랜턴 부인이 내건 이화학당

---

131) 이화학당, 위의 글
132) 이덕주, "모자가 함께 한국선교 문 연 스크랜턴(7) 시련을 딛고 선교 거점 된 정동", 국민일보

의 교육 목적은 '조선인을 보다 나은 조선인이 되게 하는 것(Koreans better Korean's only)'이었다. 스크랜턴 부인이 이화학당의 목적과 교육 방침을 다음과 같이 말하고 있다.

그림 33 이화학당 학생들 출처: 이화학당 - 위키백과 한국

"우리의 목표는 여아(女兒)들을 외국인의 생활·의복 및 환경에 맞도록 변하게 하는 데 있지 않다. 이따금 본국(미국)이나 현지(한국)에서 우리 학생들의 생활 전부를 뒤바꿔 놓는 것으로 생각하는 것은 오해이다. 우리는 단지 한국인을 보다 나은 한국인으로 만들고자 노력할 뿐이다. 우리는 한국인이 한국적인 것에 대하여 긍지를 갖게 되기를 희망한다. 그리스도와 그의 교훈을 통하여 완전무결한 한국을 만들고자 희망하는 바이다."

이화학당의 교육 이념은
조선 여성을 서양 여성으로 만들고자 함이 아니다

　이화학당도 근대 학교 교육의 요구에 따라 신학문 위주로 교과 과정을 짜서 운영함이 마땅할 것이다. 그러나 당시 이화학당의 교육 내용에는 신학문보다 한문(漢文)의 비중이 컸었다. 그 이유는 학생들 쪽에서 오히려 한문을 정규 과정으로 넣어서 교육해 달라고 요구하였기 때문이었다. 당시의 여학생들은 남자들은 한문을 배우는데, 왜 여자들은 배우지 않아도 되느냐고 불만을 가지기 시작하였고 더 이상 한문을 모르는 데 따른 불이익을 여성이라고 하여 감수해서는 안 되겠다는 생각이 강하게 나타났던 것이다.
　초창기 이화학당의 교사는 여성만이 할 수 있었다. 1893년 선교사들의 보고서에 의하면, 초기 여학교에서의 각 학과 담임선생은 모두 여선생(선교사)들이었다. 그 이유는 남녀칠세부동석이요 남녀가 유별한데 여학생들 앞에서 남자 선생이 강의를 한다는 것은 조선의 미풍양속에 어긋나는 일이었기 때문이었다.
　다만 한문 수업만은 남자 선생이 맡는 경우가 있었다고 한다. 남자 선생이 수업을 할 때 선생은 학생 쪽을 정면으로 보지 못하고 돌아서서 칠판 쪽을 보고 수업을 해야 했다. 질문을 받더라도 절대로 뒤를 돌아보아서는 안 되고, 뒤로 돌아앉은 채로 여학생이 묻는 것에만 대답해야 했다고 한다.
　또, 학생들의 교복은 한복 치마, 저고리였고 체조(체육) 시간에도 한복을 입은 채로 수업을 받아야 했다. 이화학당에서 처음으로 여학생들에게 손을 번쩍 들고 가랑이를 벌리며 뜀질을 시키는 체조를 시작했다. 그런데 이 체조는 당시 사회의 윤리 문제로까지 비약하여 큰 말썽이 되었다고 한다.[133]

---

133) 이화학당, 위의 글

당시 조선 여성의 전통 예법에 의하면 여자가 걸을 때 발꿈치에서 발끝까지의 길이 이상 발을 떼어서는 안 되었다. 하물며 여학교 체조 시간에 여학생들이 가랑이를 번쩍 들어서는 안 되었던 것이다. 그런 소문을 듣고 학부형들은 하인을 시켜 그들의 딸들을 업어 내오기에 바빴고, 체조하는 딸 때문에 가문을 망쳤다고 가족회의를 열어 신식 교육을 성토하기도 했다.

이화학당에서는 여학생들은 한복을 입고 체조 수업도 치마저고리를 입은 상태로 받는 등 전통 예절을 지키려 노력했지만 체조 시간만이 아닌 여러 국면에서 신식 교육의 바람이 조선 사회를 뒤흔들어 놓기 족하였기 때문에 문제가 생기기도 하였다.

이화학당을 다닌 여학생은 며느리로 삼지 않겠다는 말이 공공연하게 나돌았다. 그러자 한성부(漢城府)에서는 정식으로 이화학당에 공문을 보내 체조를 즉각 중단할 것을 요구하기도 했다.

그러나 이러한 여러 가지의 해프닝 속에서도 이화학당의 여성 교육은 나날이 발전해 나갔다. 1899년 5월에는 조선 500년 이래 찾아 보기 힘들었던 봄 소풍(꽃놀이) 행사를 갖기도 하고 1908년에는 운동회(運動會)도 열렸다.

싱그럽게 피어오르는 신식 교육의 꽃

이화학당 학생들의 꽃놀이에 대하여 『조선 그리스도인 회보』 제3권 19호(1899년 5월 10일 자)는 다음과 같이 보도하였다. "정동 이화학당 여학생들이 일 년 동안 애쓰고 공부하다가 봄빛을 따라 창의문 밖으로 화류(花柳) 구경을 갔더라 하니, 우리가 매우 치하하는 것은 여 학원의 화류는 500년 이래 처음이라."

그런가 하면 이화학당은 1908년 5월에 창립기념 행사와 더불어 제1회 운동회(運動會)를 개최하였다. 김윤식은 이화학당의 운동회에 참석하고서 아래와 같은 기록을 남기고 있다.

"정동 이화학당에 가서 춘기 대운동회(春期 大運動會)를 구경하였다. 어제 미국인 교사 시난돈(施蘭敦: 스크랜턴)이 와서 청하길래 가 본 것이다. 여학생 1백여 명이 규모도 정숙하게 발걸음을 같이하는 품이라든지 갖가지 경주 등 볼 만하였다. 이같이 진취(進取)한 것은 가르침의 힘인지라."[134]

그림 34 이화학당의 체조 수업

---

134) 이화학당, 위의 글

4장

선교사의 딸 유관순

1910년대 충남 목천군 이동면(현 천안시 병천면)은 서울과 공주를 잇는 교통의 요지였다. 외국인 선교사들은 이 부근을 자주 왕래하며 교회를 세웠다. 유관순의 고향인 이동면 지령리(현 병천면 용두리)에도 교회가 세워졌고 선교사들이 방문했다. 이 교회에서 유관순이 푸른 눈의 여성 선교사 앨리스(Alice)를 만났다.

앨리스 J 해몬드 샤프(Alice J. Hammond Sharp, 1871-1972) 선교사는 미국 북감리회 소속으로 1900년 조선에 왔다. 앨리스 선교사의 한국 이름은 사애리시(史愛理施). 사람들은 그녀를 '사부인'으로 불렀다. 초기엔 메리 스크랜턴 부인과 함께 이화학당 교사이자 상동교회 주일학교 교사와 순회전도자로 활동했다. 1903년 한 살 연하인 로버트 샤프 선교사와 결혼, 1905년 충남 공주로 내려가 충청 지역 최초 근대적 학교인 명설학당(남학생)과 명선학당(여학생)을 설립했다. (공주 영명학교의 전신이다.)

신혼의 꿈과 새로운 사역에 대한 희망도 잠시, 남편인 로버트 샤프 선교사는 노방전도 중에 장티푸스에 걸려 1906년 사망했다. 앨리스 선교사는 남편을 영명학교 인근 언덕(영명동산)에 묻고 미국으로 귀국했다가 1908년 돌아와 선교 사역을 이어 갔다.

그림 35 유관순을 공주 영명학교에서 길러 준 사애리시 선교사

앨리스(史愛理施) 선교사, 유관순을 양녀로 삼다

　이런 앨리스 선교사는 어린 유관순이 교회에 나오는 것을 기뻐했고 성경을 술술 암송하는 것을 기특하게 여겼다. 유관순 집안은 일찍부터 기독교를 받아들였다.

　집안에서 가장 먼저 개신교에 입문한 사람은 작은할아버지 유빈기로 한글 성경을 파는 매서인이 되었다. 이후 숙부 유중무가 개신교를 받아들이면서 일가친척들도 개신교인이 되었다. 다만 유관순의 아버지 유중권은 일가친척이 모두 개신교로 개종하는 상황에서도 조상에 대한 의무 때문에 혼자서 제사 지내며 전통의 풍습을 지켜 냈다. 그러면서도 유관순이나 장남 유우석이 교회에 다니는 것을 막지 않았고 아이들을 신식 학교에 보내는 것을 허락했다.[135]

---

135) 유관순 - 한국민족문화대백과사전

유관순, 공주(公州) 영명학교에서 성장하다

유관순이 11살일 때 앨리스 선교사는 그녀 가족을 만나 그녀를 공주에 데려가 영명학교에서 공부를 시키겠다고 제안했다. 가족들이 허락했고 유관순은 1914년부터 2년간 영명학교의 중등 과정을 다녔다. 앨리스는 유관순을 양녀로 삼았고 1916년엔 서울 이화학당에 교비 장학생으로 전학시켰다.

이후 유관순은 1918년 이화학당 고등 보통과에 진학했다가 1919년 3.1 만세운동에 참여했다.[136]

유관순, 이화의 딸이 되다

그림 36 이화학당 재학 시절의 유관순

유관순이 서울의 이화학당 보통과 3학년에 교비생으로 전학했을 당시 대부분의 학생들이 기숙사 생활을 하고 있었다. 유관순도 기숙사에 살며 공부하게 되었다. 공부하는 동안 유관순은 "난 잔 다르크처럼 나라를 구하

---

136) 신상목, '유관순의 선생님' 앨리스 선교사를 아시나요 [3·1운동 100주년과 한국교회] 40년간 여성지도자 양성에 헌신, 2019, 국민일보

는 소녀가 될 테다. 누구나 노력하면 될 수 있지 않을까. 그리고 나이팅게일처럼 천사와 같은 마음씨도 가져야지" 하고 마음속으로 기도하면서 다짐하였다고 한다.

이후 1919년 3월 1일 서울에서 3.1 만세운동이 일어났다. 유관순은 동료 학생 6명과 함께 결사대를 조직, 탑골공원과 남대문역 등에서 만세운동에 참여했다. 이 만세운동의 여파로 3월 10일 전 학교에 임시휴교령이 내려졌다.

유관순은 같이 이화학당에 다니던 사촌 언니인 유예도와 함께 독립선언서를 숨겨 고향인 천안 병천으로 내려와 만세운동에 착수했다.

아우내 장터에서 대한 독립 만세의 봉화를 올리다

병천면의 유림 대표와 집성촌 대표 등과 함께 4월 1일 정오를 기해 아우내 장터(충청남도 천안시 병천면에 있는 장터)에서 만세운동을 전개키로 모의했다. 그리고 3월 30일 매봉에서 만세운동을 알리는 봉화를 올리고 다음 날인 4월 1일 아우내 장터에서 주민들에게 태극기를 일일이 나눠 준 뒤, 3,000여 명의 군중과 함께 '대한 독립 만세'를 외쳤다.[137]

소식을 접한 헌병들이 만세운동을 중지시키고자 무자비한 진압을 시작했다. 이 과정에서 유관순 열사의 부모인 유중권, 이소제를 포함한 많은 사람들이 희생되었다.

---

137) 유관순 – 한국민족문화대백과사전

유관순, 조선의 딸로 산산이 부서지다

그림 37 옥중의 유관순

유관순은 일본 앞잡이 노릇을 한 친일파 조선인 정춘영에 의해 체포되어 서대문형무소로 끌려갔다. 이어 재판에 회부되어 공주지방법원에서 5년을 구형받았다. 유관순은 재판정에서 "다시는 독립운동을 하지 않고 대일본제국 신민으로서 살아가게 될 것을 맹세할 것인가?" 하는 질문에 "나는 왜놈 따위에게 굴복하지 않는다! 언젠가 네놈들은 반드시 천벌을 받고 망하게 되리라!"라며 재판장에게 의자를 던졌다. 이에 법정을 모독했다는 이유로 징역 5년 형에 처해졌다.

하지만 유관순 열사는 지인들의 도움으로 항소하여 복심법원에서 3년 형으로 줄어들게 되었다. 수감된 뒤 옥중에서도 대한 독립 만세를 불렀다. 이후 1920년 4월 특사로 1년 6개월로 감형되었다.

그러나 유관순은 결국 1920년 9월 28일 출옥을 이틀 앞두고 만세운동 당시 입은 상처와 옥중 고문·폭행의 후유증으로 향년 18세의 나이로 옥사하였다. 얼마나 고문이 참혹했던지 이화학당에서 시신을 반환할 것을 요구했을 당시 서대문형무소에서 거부할 지경이었다. 이화학당 교장 룰루 프라이(Lulu E. Frey)가 유관순의 시신을 인도받아 장례를 해 주었다.

4. 헐버트 교사/선교사 편

1장 — 조선 최초의 미국인 교사

2장 — 헐버트의 한글 연구

3장 — 헐버트의 조선 역사·문화 연구

4장 — 조선의 선한 이웃이 되어

5장 — 헐버트의 조선 독립운동

1장
조선 최초의 미국인 교사

호머 베자릴 헐버트(Homer Bezaleel Hulbert, 1863-1949)는 선교사라기보다는 교사(教師)로 조선에 왔다. 헐버트는 남북 전쟁이 한창이던 1863년 1월 26일 미국 버몬트 주 뉴헤이븐(New Haven)에서 대학 총장이자 목사였던 아버지와 다트머스대학(Dartmouth University) 창립자 후손인 어머니 사이에서 3남 1녀 중 둘째 아들로 태어났다.

헐버트 가문의 가훈은 '원칙이 승리보다 중요하다(Character is more fundamental than victory)'였다. 1884년 헐버트는 다트머스 대학을 갓 졸업하고 미국에서 성직자 생활을 할 계획으로 신학대학에 진학할 마음의 준비를 하고 있었다.

1876년(고종 13년) 병자수호조약을 계기로 조선은 중국 중심의 사대(事大) 질서에서 점차 벗어나 서구를 중심으로 한 근대적 국제 질서에 편입되기 시작하였다. 이 과정에서 서양의 언어와 학문에 능통한 관료를 양성할 필요를 느꼈다. 이로써 조선 정부는 신식 교육 기관을 설립해서 인적 필요를 채우려고 하였던 것이다.

교육 입국에 눈뜨기 시작하는 조선

고종은 1883년 민영익(閔泳翊)을 단장으로 하는 보빙사(報聘使) 일행을 미국에 파견하였다. 보빙사들은 미국의 다양한 학교와 대학을 주의 깊게 관찰하고 돌아왔다.[138] 사신들은 자신들이 관찰한 내용을 고종 임금께 보고하였다.

같은 시기 서울에 주재하고 있던 미국 공사관의 포크(George C. Foulk)도 고종황제에게 시급히 서양식 학교를 세워 현역의 젊은 관리와 앞으로 이 나라 이 정부를 짊어지고 나갈 인재들에게 영어와 신학문을 가르쳐야 한다고 제언했다.

당시 조선은 외국과의 관계를 발전시키고 국가 간 사업을 이끌어 갈 인재 양성의 필요성을 절실히 느끼고 있었던 것이다. 이러한 절박함에서 고종은 학교 설립을 기꺼이 승인하였고 그것이 조선 최초의 관립 학교인 '육영공원(育英公院)'이었다.

조선 정부는 '육영공원'을 설립하고 학생들을 가르칠 교사 3인을 보내줄 것을 서울의 미국 공사관을 통해 미국에 요청하였다. 조선의 요청을 받은 미국 정부는 교육위원장(Commission of Education)에게 이 문제를 위임하였다.[139]

미국의 교육위원장은 이튼(John Eaton)이었는데 이튼 위원장은 자신의 대학 동창인 헐버트 아버지에게 그 아들 중 한 사람을 육영공원의 교사로 보내는 것이 어떻겠느냐고 제안을 했고 아버지는 아들들의 의향을 물었다. 큰아들은 별 반응을 보이지 않는 반면 둘째 아들 호머가 적극적인 의향을 보여 호머 헐버트가 육영공원 교사로 조선에 오게 되었다.

---

138) Hulbert, "School Masters in Corea", *New York Tribune*, November 28, 1886: 김동진(역), 「조선의 미국인 선교사들」, 『헐버트 조선의 혼을 깨우다』, 참좋은친구, 2016, 43-49쪽 참조
139) Hulbert, 위의 글

미국의 청년 교사 3인이 선발되다

그래서 헐버트는 조선으로 떠날 모든 준비를 하고 있었는데 1884년 12월 조선에서는 젊은 개화파들이 일으킨 갑신정변(甲申政變)이 발발하였다. 이로써 조선 정부는 육영공원 설립을 계획대로 진행할 수 없었다. 헐버트는 이 소식에 너무나 실망했다. 그러나 희망을 버리지 않은 상태에서 일단 유니언 신학대학에 입학하여 학업에 열중하였다.

그러던 중 1886년 봄 육영공원 설립 계획이 부활하여 그해 가을 개교를 준비하게 되었다. 교육위원장 이튼은 헐버트의 의사를 확인하고 그로 하여금 같이 갈 다른 두 명의 교사를 선발하도록 위임했다. 헐버트는 2년 전 처음 파견교사단에 들어 있었던 길모어(George W. Gilmore, 프린스턴대학 출신)에게 의향을 물었고 길모어는 가겠다고 하여 그를 선정하고 그 밖에도 오벌린대학(Oberlin College) 출신인 벙커(Dalzell A. Bunker)가 새로 선발되어 이 세 사람이 조선을 향하여 떠나게 된 것이다.

미지의 나라 조선으로 가는 여정

그림 38 호머 헐버트

1886년 5월 헐버트는 일행과 함께 뉴욕에서 기차를 타고 출발하여 일단 시카고까지 갔고, 거기서 기차를 갈아타고 네브래스카주의 오마하(Omaha)로 향했다. 여기서 다시 기차를 갈아타고 샌프란시스코까지 갔다. 일행은 샌프란시스코에서 증기선을 타고 18일

걸려 태평양을 건넜고 첫 기항지 일본의 요코하마(橫濱)에 도착하였다.

여기서 일본의 국내 증기선을 타고 나가사키(長崎)로 갔다. 거기서 '쓰루가마루호'를 타고 대한 해협을 건너 최종 목적지인 조선의 제물포로 향했다.[140]

조선 생활의 시작

쓰루가마루호는 월미도를 지나 조선 땅 제물포에 닻을 내렸다. 헐버트의 눈에 들어온 제물포는 초라하기 그지없었다. 방파제, 부두는 물론 선창도 없었으며 허름한 오두막집들과 세관으로 쓰이는 헛간이 있을 뿐이었다.[141]

일행(헐버트, 벙커, 길모어 부부)은 조선 관리의 안내를 따라 제물포에서 26마일 떨어진 서울까지 당일에 도보 여행을 하였다. 남자들은 걷고 짐은 조랑말에 싣고 길모어 부인은 조랑말을 탔다. 종일 걸어 인시(寅時)에 숭례문(남대문)의 문이 닫히기 직전에 입경할 수 있었다.

섭씨 35도의 날씨에 녹초가 된 일행은 일단 숭례문 안의 허름한 여인숙으로 안내되었다. 그러고 있는데 1시간쯤 후에 1년 전에 장로교 선교사로와 있던 언더우드(Horace G. Underwood)가 나타났다. 언더우드는 일행을 외국인 전용 숙소로 데리고 갔다.

언더우드가 이들 일행을 극진하게 맞아 주었음은 물론 이들의 한국 생활에의 적응이 원활하게 이루어지도록 도왔다. 이후에도 이들 3인 중 헐버트는 특히 언더우드 선교사와 밀접한 관계를 갖고 조선에 필요한 갖가지 노력을 기울였다. 한양에 들어온 1년 뒤에는 헐버트는 언더우드의 집에 살며 한국말을 같이 공부하고 성경을 같이 번역하면서 우정을 돈독히 쌓아 갔다.[142]

---

140) 김동진, 『파란 눈의 한국혼 헐버트』, 초판 2쇄, 참좋은친구, 2010, 31쪽
141) 위의 책, 32쪽
142) 위의 책, 34쪽

헐버트가 서울에 왔을 때 미국인은 8가구가 살고 있었다. 공사관 대리 공사 포크(George C. Foulk), 선교사 의사 알렌(Horace N. Allen), 선교사 아펜젤러(Henry G. Appenzeller), 선교사 스크랜턴(Mary F. Scranton), 선교사 헤론(John W. Heron), 선교사 언더우드(Horace G. Underwood), 조선 정부와 계약을 맺고 외교 고문으로 일하는 데니(Judge O. N. Denny), 세관을 담당하는 메릴(Henry F. Merrill)이 그들이다.[143]

서양 사람들에게 동양이나 우리나라에서 통하는 '전생(前生)의 인연'이라는 관념이 존재할까? 헐버트는 한국에 오기 전부터, 즉 한국(Korea)이라는 이름은 들어 보았지만, 한국이 어떤 나라인지에 대해서는 아는 것이 거의 없었던 시점부터 한국에 대하여는 막연한 인연감(因緣感) 같은 것을 느끼고 있었는지도 모르겠다.

그의 회고록에 의하면 세계 지리에 큰 흥미를 느끼고 있었던 그는 학창 시절 세계지도를 그리면서 '코리아'라는 나라의 이름과 위치에 대한 막연한 인식을 갖고 있었다고 한다. 그런 상태에서 어느 날 갑자기 그 나라로부터 자기를 필요로 한다는 소식을 들었을 때 경이감에 휩싸이기까지 하였다.[144]

서양식 근대 교육의 시작

1886년 우리나라에서는 서양식 근대 교육의 시작이 활발해지는 한 해였다. 즉 1886년 5월에는 언더우드 학당(경신학교로 발전)이 시작되었고, 동년 5월 31일에 이화학당(정동 여학교), 동년 6월에는 배재학당이 시작되

---

143) 위의 책, 37쪽
144) 위의 책, 38쪽

었다. 이들은 모두 사립(私立)학교였다. 그런 가운데 1886년 9월 16일에 관립 학교인 육영공원이 개교하였다.

고종은 배재학당, 이화학당 등의 설립을 지원하였고, 최초의 관립 학교인 육영공원의 설립을 재촉하는 등 조선에서 근대식 교육의 시작과 발전에 힘을 쏟기 시작하였다.

이후 고종은 1895년에 전 국민에게 교육 입국의 조서(詔書)를 내려 조선의 교육 혁명을 시발하였다. 이로써 사범학교, 외국어학교, 소학교, 중학교, 등의 관립 학교들을 설립 육성하였다. 이로써 조선에서의 근대식 교육 기관은 크게 번창하게 되었고 1910년 한일 강제 합방 당시에는 기독교 학교만도 800여 개가 되었다고 한다.[145]

헐버트는 청교도 정신에 입각하여 교육에 철저했던 아버지와 명문대학 창립자의 후손인 어머니의 영향을 받은 때문인지 그 자신 교육에 대한 남다른 열정과 투철한 철학을 가지고 있었다. 그래서 조선에 부임하자마자 조선의 형편에 불가불 학교를 널리 세우고 교육에 힘써서 문명의 기초를 세워야 할 것이라는 점을 깨닫고 조선 인민의 교육에 앞장섰다.[146]

당시 조선으로서 이런 연유로 헐버트를 절실히 필요로 했던바 그는 서양식 교육을 한국 사회에 접목하고 조선 백성을 육성하는 길잡이의 역할을 자임하게 되었던 것이다.

육영공원의 개교

헐버트와 교사들은 학교 운영, 교육 과목, 교육 방법 등에 관한 기본 원

---

145) 위의 책, 41쪽
146) 헐버트, "한국의 교육", 「그리스도 신문」, 1906. 7. 12. 참조

칙을 제시하였고 조선 정부는 '육영공원 절목(育英公院節目)'을 확정하여 학교 운영에 관한 제반 규칙을 발표하였다. 학급 편성은 문무 현직 관료 중에서 선발된 학생을 교육하는 '좌원'과 양반 자제에서 선발된 학생을 가르치는 '우원'으로 하였다.

교과 과목은 외국어 기초, 수학 기초, 세계 지리 등 기초 과목과 수학, 외국어, 과학(기계·천문·지리·농학·의학 등), 각국 역사, 정치, 외교, 군사, 생물학 등 고급 과목이었다. 교과서는 헐버트 일행이 미국에서 가져온 교육용 자료를 사용하였다. 교육용 자료는 기초반과 고급반으로 구분되어 있었다.

그림 39 서양식 근대 교육에 힘을 쏟기 시작하였던 고종

드디어 1986년 9월 16일에 이조판서 및 이조의 관리들이 참석한 가운데 개교의식이 치러졌다. 교사 소개가 끝나고 교육 계획의 대강이 소개되면서 회의 내내 참석자들은 시선을 집중하고 관심을 보였으며 이 모습 속

에 신교육에 대한 강렬한 열망을 읽을 수 있었다.

첫 번째 만남에서의 조선 학생들이 받은 교육은 서양식 인사법이었다. 악수를 처음 해 보는 어설픈 표정의 학생들과 교사들이 서로 악수로 인사를 나누었던 것이다.

개교 당시의 수업 연한은 6년으로 계획하였다. 1회 입학생은 35명이었는데 14명은 25~30살 사이의 현직 관리였고 나머지 21명은 15~25살 사이의 관리가 될 양반의 자제들이었다.

조선 최초의 세계 지리 교과서 『ᄉ민필지』

헐버트와 다른 2인의 미국인 교사들은 육영공원 교육에 열심을 다하였다. 학생들을 가르치는 일 자체에 대해서는 미국 출신 교사 3명이 서로 비슷한 열정을 가졌겠지만 그중에서도 헐버트는 교육에 임하는 자세나 한국 생활에 임하는 자세에 있어서 탁월하고도 특별한 면모를 보여 주었다.

주어진 과목을 그냥 가르치는 데에 그치는 것이 아니었다. 선진 미국에서 온 개화 전도사, 신식 교육의 전도사로서 조선의 절박한 현실에 공감하며 조선과 함께 고뇌하는 지성인의 한 사람으로서 조선 생활을 시작하였다.

그가 첫 번째로 착수한 과제가 학생들에게는 교과서가 되고 일반에게는 사민(士民: 사대부와 평민)을 깨우치는 만국지지(萬國地誌)의 교육서가 될 『ᄉ민필지』를 저술하는 것이었다. 조선은 깨어나야 하였고 헐버트는 조선 밖의 세계를 조선 사람에게 알려 주어야 하였다.

그리하여 조선에 온 지 3년 만인 1889년 천체와 지구, 세계 지리, 세계 각국의 정부 형태, 풍습, 산업, 교육 및 군사력 등을 망라한 지리 역사 교과서(만국지지)를 저술하였다. 책의 제목은 사대부(士大夫)와 평민 모두가 필수적으로 알아야 할 지식이라는 뜻으로 『ᄉᆞ민필지』라 하였고 한자로는 『士民必知』라 썼다.

그림 40 『ᄉᆞ민필지』 표지

　당시까지 조선 사회는 너무나 미개하였다. 조선인의 세계관은 개화기에 이르러서도 청·일·러만 겨우 알고 있을 뿐 지구상에 어떤 나라들이 있었는지도 자세히 알지 못하는 상황이었다. 종래의 유교적 우주관은 '천원지방(天圓地方: 하늘은 둥글고 땅은 네모나다)'이라는 것이었다. 대다수의 조선인들은 태양이 동쪽에서 떠올라서 서쪽으로 지는 것이라 생각했고 태양은 가만히 있는데 그 주위를 지구가 돌고 있다는 사실을 이해하지 못했다.

『亽민필지』에 깔린 평등사상

5천 년 잠들고 있던 조선은 깨어나야 하였다. 1876년 병자수호조약을 계기로 조선은 중국 중심의 사대(事大) 질서에서 벗어나 서구를 중심으로 한 근대적 국제 질서에 편입되기 시작하였다. 개화가 진행되면서 조선 사회는 이미 사대부만의 나라가 될 수는 없었다. 선비라고 일컬어지는 사대부 계층과 일반 백성들이 동등하지는 않지만 사회의 주요한 구성층으로 개혁과 개화의 출발선에 함께 서 있는 입장이었다.

따라서 세계의 지리 문화 등의 지식을 알아야 하는 것은 선비(士)뿐만 아니라 백성(民)에게도 요긴한 것이다. 그래서 책의 이름이 사(士)·민(民)·필(必)·지(知)이다. 이 책의 이름과 저술 동기에는 헐버트의 민주·애민 정신이 짙게 깔려 있다.

『亽민필지』 순한글 표기의 정신

헐버트는 이 책을 한글 전용으로 썼다. 그가 이 책을 한글 전용으로 썼다는 데에서도 그의 민주·애민 정신을 엿볼 수 있다. 이 책을 한자 전용이나 국한문 혼용으로 썼다면 한자를 모르는 일반 백성에게는 이 책은 그림의 떡에 불과하였을 것이다. 헐버트는 일반 백성을 신식 교육에 동참시킬 필요성에서 이 책을 한글 전용으로 썼을 뿐 아니라 그는 한글(훈민정음) 자체의 장점을 잘 알고 있었기 때문에 한글 전용으로 썼다고 할 수 있다. 그는 조선의 문화와 문명이 나아갈 길은 한글 문화, 한글 문명밖에 없다고 믿었기 때문에 그의 첫 저술을 한글 전용으로 하였다.

헐버트는 『ᄉᆞ민필지』를 1889년에 육영공원 학생들을 위한 교과서로 저술하였다가 나중에는 다른 학교의 학생들과 일반인들도 볼 수 있도록 1890년부터 출판을 준비하여 약 1년 후에 완료하였다. 『ᄉᆞ민필지』는 1891년 초판이 나온 이후 수정을 거쳐 1906년에는 2판이 나왔고 1909년에는 3판이 나왔다.[147]

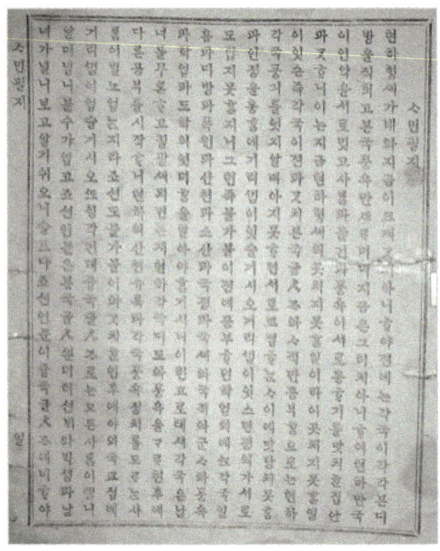

그림 41 『ᄉᆞ민필지』 서문

---

147) 호머 헐버트 지음(고석주·김형태 옮김), 국문본 역주 『사민필지』, 소명출판, 2020, 해제 5쪽

2장

헐버트의 한글 연구

―――――――――――――

　헐버트는 내한 초기 학생들을 잘 가르치기 위해서는 자신이 먼저 한글을 터득해야 한다고 생각했다. 그는 자비로 한글 선생을 고용하였는데 좋은 한글 선생을 만나 한글을 배웠다. 그리하여 그의 한글 실력은 조선에 온 지 3년 만에 한글로 책을 저술할 정도로 빨리 발전하였다.

　헐버트는 한글을 공부하면서 한글은 각 자모에 의해 정확하게 소리를 낼 수 있는 완벽한 문자라는 점을 깨닫고 놀라게 되었다. 한글은 영어와 달리 발음기호가 없고, 자음과 모음의 조합이 체계적이어서 쓰기와 읽기가 세계 어느 언어보다도 쉬운 점을 발견하였다. 순한글로 『사민필지』를 지으면서부터는(서문 참조) 그는 더 이상 한글을 배우는 학생이 아니라 한글을 연구하는 한글학자가 되었다고 할 수 있다.

　헐버트는 먼저 한글에 대한 관심과 사랑을 『사민필지』 서문에 압축적으로 분명하게 표현하였다.

　싱각건대 즁국 글ㅅ즈로는 모든 사람이 뿔니 알며 널니 볼 수가 업고 죠션 언문은 본국글ㅅ쑌더러 션비와 빅셩과 남녀가 널니 보고 알기 쉬오니 슬프다 죠션 언문이 즁국 글ㅅ즈에 비ㅎ야 크게 요긴ㅎ것마는 사람들이 긴ㅎ 줄노 아지 아니ㅎ고 도로혀 업수히 넉이니 엇지 앗갑지 아니리오[148]

―――――――――――――

[148] 『사민필지』, 제2, 3판 서문, 호머 헐버트 지음(고석주, 김형태 옮김), 국문본 역주 『사민필지』, 소명출판, 2020, 20쪽

헐버트는 여기서 지금까지 조선에서 공식 문자로 사용하던 한문은 ① 모든 사람이 아는 것이 아닌 일부 사대부에 의해서만 읽고 쓸 수 있는 글자였다. ② 그만큼 어려워서 빨리 알며 널리 볼 수가 없었다. 이에 비하여 조선 언문은 '① 외국(중국) 글이 아니며, 본국(조선) 글이다. ② 한문처럼 사대부만 보고 일반 백성은 읽지 못하는 글이 아니라 사대부(선비)와 백성과 남녀가 같이 보고 같이 사용할 수 있는 글이다. ③ 그만큼 현실적으로 조선에서 한글이 한문보다 훨씬 요긴한 것이 사실이다'라는 점을 천명하는 것이었다.

헐버트가 처음 『사민필지』를 1889년에 육영공원 학생들을 위한 교과서로 저술한 것이 사실이지만 이 서문은 초판이 나온 것으로 추정되는 1891년에 쓰여 세상에 공표되었다.

헐버트는 조선에서 한글이 애용되지 못하고 있는 현실을 안타까워했다. 한자에 비하여 한글이 몇 배나 편리한 글자임에도 오히려 업신여김을 당하고 있다고 한탄하였다. 그는 심지어 한글의 우수성으로 본다면 중국이 한글을 자신들의 문자로 채택해야 된다고 주장하기까지 하였다.[149]

헐버트는 그동안 한자는 한민족에게 지적 과부하(intellectual overloading)와 시간 낭비(time wasting)의 원인이 되었고, 그에 따라 반상의 차별과 편협한 사고를 고착화해 게으른 민족성을 조장하였다고 지적하였다. 만시지탄이 있지만은 지금부터라도 이 한자를 내던져 버리고(throw away) 훈민정음을 살려야 한다고 주장하였다.[150] 그러면서 영국인들이 라틴어를 버린 것처럼 조선인들도 한자를 버려야 한다고 주장하였다.[151]

---

149) 김동진, 『파란 눈의 한국혼 헐버트』 초판 2쇄, 참좋은친구, 2010, 75쪽
150) Hulbert, "The Korean Alphabet," *The Korean Repository*, June, 1896
151) Hulbert, "Korean will eventually discard the Chinese," *The Korean Repository*, Oct. 1896(Corespondence)

이어서 배우기 쉽고 과학적이고 발음 표현력이 탁월하게 우수한 한글을 기회가 있을 때마다 외국에 소개해 세계인들로 하여금 한국의 글과 문화에 대한 인식을 새롭게 하도록 계몽하였다.

한글에 관한 논문들을 발표(한글 티베트 문자 유래설)

헐버트가 조선에 와서 『사민필지』를 지으면서부터는 단순히 한글을 이해하는 데 그치지 않고 현대적인 언어학 연구 기법을 적용하여 한글에 대하여 연구하기 시작하였다. 그래서 1982년부터 1930년대에 이르기까지 한글에 관한 많은 논문을 발표하였고 한글의 개량(자모, 표기)에도 이바지하였다.

그러나 한글에 대하여 초기에 쓴 논문들 중에는 한글의 창제 원리에 대한 이해 부족으로 억지의 논리를 전개한 경우도 없지 않다. 이 점은 한글 연구의 금자탑을 쌓은 그의 업적에 옥에 티가 되고 있지만 그의 한국 사랑과 한국 연구에 대한 실질적 업적들이 폄훼되어야 할 이유가 되지는 못할 것이다.

헐버트는 『사민필지』가 출판된 이듬해(1892년)에 영문월간 저널 『한국소식 The Korean Repository』[152]에서 한글의 우수성과 한국에서 공식 언어로 널리 사용해야 할 이유 등을 "한글(The Korean Alphabet)"이라는 제목의 2편(1월 창간호, 3월 호)의 글에서 발표하였다.

---

[152] 『한국소식 The Korean Repository』은 감리교에서 1892년 1월에 창간한 조선 최초의 영문 월간지이다. 한국의 역사, 전통, 풍속, 문화를 국내외에 알리는 학술 잡지(정식 학술 논문집이라고 할 수는 없겠지만)이며 외국인들과 조선의 지식인들 사이의 지식 교류의 장이 되었다. 또한 국내에서 일어나는 주요 관심사를 다루면서 언론의 역할도 했다. 『한국소식』은 1년 동안 발행되다가 1893~4년은 휴간하고, 1895년에 속간하여 1898년까지 발행되었다. 헐버트는 1895년부터 1897년 여름까지 『한국소식』의 경영과 편집에 직접 참여하였다. (김동진, 『헐버트 조선의 혼을 깨우다』, 참좋은친구, 2016, 114쪽)

이 글에서 헐버트는 문자의 기원을 연구할 때는 두 가지 단서, 즉 내적 단서와 외적 단서를 분석해야 한다고 주장했다. 내적 단서는 연구하고자 하는 문자의 구조와 형태를 다른 문자들과 비교하는 것이고, 외적 단서는 문자를 창제한 민족, 당시의 시대상, 정치 상황, 인종적 특성 등을 살펴보는 것이다.[153)]

헐버트는 1892년 1월 『한국소식 *The Korean Repository*』 창간호에서 한글의 기원과 관계된 외적 단서에 대하여 고찰하였다. 이 글에서 당시 명나라가 한글(훈민정음) 창제에 어떠한 영향을 미칠 수 있는 가장 유력한 외적 단서였지만 어떠한 문헌에도 명나라(기타 몽골, 거란, 만주 등 주변 요인들은 물론이고)가 한글 창제에 어떠한 영향을 미쳤다는 근거는 없음을 적시하였다.

헐버트는 1892년 『한국소식 *The Korean Repository*』 3월 호에 쓴 "한글 Ⅱ" 논문에서 한글의 기원의 내적 단서를 분석한 자신의 견해를 주장하였다. 문자의 형태상 상형 문자인 한자나 음절 문자인 가나가 한글의 자음과 모음의 형태에 어떠한 영향을 미쳤을 가능성은 전혀 없고, 외적 단서상 연관성이 있으면서도 음운문자(音韻文字)적인 요소를 갖고 있는 만주문자, 티베트 문자, 산스크리트 문자와 훈민정음을 비교할 때 훈민정음의 자음 중 몇 글자(ㄱ, ㅁ, ㄴ, ㄹ, ㅂ, ㅅ, ㄷ, ㅈ)는 티베트 문자를 본뜬 것으로 보인다고 주장하였다.[154)]

그런데 이러한 그의 주장은 "훈민정음의 제자 원리가 발음기관을 상형(象形)하였다"라는 것을 분명히 밝힌 『훈민정음 해례본』(1940년에야 비로소

---

153) 헐버트(김동진 역), "한글I" *The Korean Repository*, Jan. 1892, 『헐버트 조선의 혼을 깨우다』, 참좋은친구, 2016, 115쪽
154) 헐버트(김동진 역), "한글Ⅱ", *The Korean Repository*, Mar. 1892, 『헐버트 조선의 혼을 깨우다』, 참좋은친구, 2016, 126-127쪽

발견되었다)[155]을 보지 못한 상태에서 논급한 것이기에 그 타당성을 인정받기 곤란하다.

『훈민정음 해례본』에서는 훈민정음 자음 17자 중 가획(加劃)에 의하여 2차로 생산되는 문자를 제외한 다섯 개의 문자가 해당 발음기관을 본떠서 만들었음을 분명히 밝히고 있다.

正音二十八字, 各象其形而制之
훈민정음 스물여덟 글자는 각각 다음과 같은 모양을 본떠서 만들었다.

牙音ㄱ, 象舌根閉喉之形
혀뿌리가 목구멍을 막는 모양
舌音ㄴ, 象舌附上腭之形
혀가 위턱(윗잇몸)에 붙는 모양
脣音ㅁ, 象口形
입 모양
齒音ㅅ, 象齒形
이빨 모양
喉音ㅇ, 象喉形
목구멍 모양

그리고 나머지 자음들은 기본형 자음 글자들에 각각 소리에 따라 가획(因聲 加劃)한 것들이다.

---

155) "훈민정음 해례본", 유네스코 세계 기록유산, 대한민국 국보

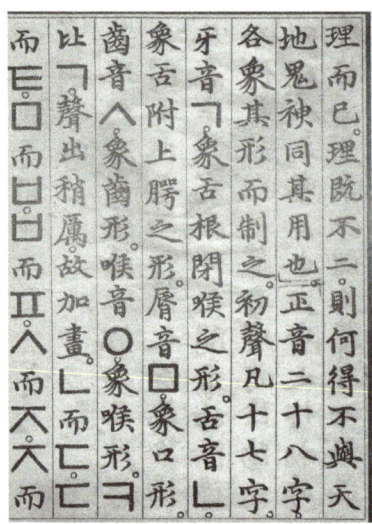

그림 42 훈민정음 해례, 제자해 중에서

한글 티베트 문자 유래설 비판받다

당시 자음 글자의 상당수가 티베트 문자에서 유래되었다는 그의 주장은 한글의 자음이 발음기관을 상형한 것에 이의를 달 여지가 없다고 생각한 국내의 학자(이익습: 李益習)에 의하여 신랄하게 비판되었던 것으로 보인다.[156]

헐버트가 제시하는 바에 따르면 이익습은

"세종이 어금니를 가리키는 열린 입의 모양을 본떠 'ㄱ'을 만들고, 'ㄴ' 은 입천장에서 떨어지는 혀의 모양을 본떠, 'ㅅ'은 두 쪽으로 갈라진 모양에서 치찰음 's' 소리를, 'ㅁ'은 발음할 때 입술 모양을 상징하기 때문에

---

156) 헐버트(김동진 역), "한글"(The Korean Alphabet), *The Korean Repository*, Jun. 1896, 『헐버트 조선의 혼을 깨우다』, 참좋은친구, 2016, 179-186쪽
"이익습(李益習)은 『한국소식』 1892년 11월 호에 "반절 The Alphabet(Panchul)"이라는 글을 발표하면서 한글은 발성기관을 본떠서 만들었다며 헐버트가 … 논문에서 한글 자음 대부분을 티베트 문자에서 따왔다고 추론한 데 대해 강한 반론을 폈다." 헐버트(김동진 역), 위의 책, 180쪽, 주석2

'm' 소리를 내도록, 'ㅇ'은 콧소리 'ng'를 발음할 때의 열린 목구멍을 나타내도록 만들었다."

라고 주장한 것으로 보인다.

근대에 이르러 훈민정음 해례본은 1940년대에야 비로소 발견되었지만, 그 이전 어느 때까지에는 세종 28년(1446)에 나온 초간본인 훈민정음 해례본 등이 전해져 오고 있었고 조선의 학자들은 이들 문헌을 통해서 이미 훈민정음 자음의 제자원리(制字原理)가 발음기관을 상형한 것임을 익히 알고 있었던 것으로 보인다.

헐버트는 나중(1903)에는[157] 문헌비고를 참조하여 훈민정음이 세종대왕과 집현전 학사들이 3년여에 걸쳐 관련 문헌들을 연구 검토하였고 성삼문 같은 학자는 당시 요동에 귀양살이하던 중국의 대학자 황찬(黃瓚)에게 13번이나 찾아가서 자문을 구하는 등의 연구 끝에 마침내 지어졌다는 것을 인정하였다.

헐버트의 1892년의 "한글Ⅱ" 논문에서의 오류(?)에 대하여는 괄호치기를 하고 넘어간다고 치더라도, 이 논문에서 헐버트가 티베트 문자와 한글 간의 뚜렷한 공통점으로 이들 문자가 공히 음소문자라는 점을 확인해 준 점은 돋보인다고 하겠다.

"한글은 진정한 음소문자이나, 음소들이 모여 음절을 이루는 순전히 음절 중심의 문자이다."

"한글은 음절이 자음으로 시작하는 경우 모음을 오른쪽이나 자음 아래

---

157) 헐버트, "훈민정음", *The Korean Review*, Apr. 1903, 『헐버트 조선의 혼을 깨우다』, 2016, 272-284쪽

에 쓴다. 끝소리 자음은 무조건 모음 아래에 놓인다. 한글에서 음절을 만드는 음소의 배열은 소위 삼각 구조이며, 이는 다른 어떤 언어에서도 찾아볼 수 없다."

필자(오두범)는 헐버트 이전에 한글에 대하여 근대 언어학적 관점의 해석을 가하고자 했던 일이 있었다는 말을 들어 본 일이 없다. 한글에 대한 근대 언어학적 연구는 아마도 헐버트에 의하여 시작이 된 것이 아닌가 한다.

헐버트 감리교 선교사로 재내한

헐버트는 1891년 육영공원 교사로서의 임기가 끝나 미국으로 귀환했다가 1893년 감리교 선교사로 재내한하여 삼문출판사 책임자로 일하면서 틈틈이 배재학당에서 학생들을 가르쳤다. 그러다가 1897년 조선 정부와 고용계약을 맺고 한성사범학교 책임자가 되었다.

그러나 이 학교는 협소한 교실, 한문에 치우친 교육과정, 부실한 소학교 운영 등 실제 교육 내용 및 학교 운영의 부실로 점차 유명무실하게 되어 몇 년 후 사임하고 1900년 관립중학교(현 경기고등학교의 전신)의 교사직을 맡았다.

그는 관립중학교에 재직하며 동시에 1901년부터는 영문 월간지 『한국평론 The Korea Review』의 발행인으로 활약하였다.[158] 헐버트는 그러다가 1905년 10월 고종황제의 특사로 미국을 방문하기 위해 관립중학교 교사직을 사임하였다.

---

158) 『한국평론 The Korean Review』은 비슷한 이름의 감리교 영문 월간지 『한국소식 The Korean Repository』이 1898년 발행이 중단된 이후에 그의 후속으로 1901년에 헐버트가 창간한 영문 월간지이다. 『한국소식 The Korean Repository』은 1892년에 감리교에 의해서 발행되기 시작하여 1898년에 중단된 바 있었다. 헐버트는 이 『한국평론 The Korea Review』에도 많은 글을 발표하였다.

헐버트 선교사의 목회 활동

헐버트는 삼문출판사를 운영하며 목회자로도 활동했다. 그는 아펜젤러 선교사를 도와 그가 설교할 수 없을 때는 그의 자리에 서서 대신 설교하기도 하였으며, 1893년에는 윌리엄 스크랜턴(William B. Scranton) 목사에 이어 동대문교회 2대 담임목사가 되었다.

동대문교회는 동대문 시약소에서 출발하였으며 미국 오하이오주 클리블랜드에 거주하고 있던 선교부 총무 볼드윈(L. B. Baldwin) 여사의 기부로 새로운 예배당을 건축하였다. 그리하여 당시에는 볼드윈 예배소라고 불렸다. 동대문교회는 감리교 역사상 처음으로 같은 장소에서 남녀가 함께 예배드린 교회이기도 하다.[159]

헐버트는 삼문출판사 일도 보면서 동대문교회 목회자로서 교회 사역에도 성심을 다했다. 그는 기쁨이 샘솟는 마음으로 한국말로 설교하였다. 그는 1897년 한성사범학교 교장이 되어서도 목회 활동을 중단하지 않았다. 후일 독립운동의 산실이 되는 남대문 안쪽의 상동교회에서 설교도 하고 교회 내 상동 청년회에서 학생들을 가르쳤다.

헐버트는 노량진 교회 설립(1906)에 있어 산파역을 맡았다. 일본은 노량진에 수원지를 만든다는 핑계로 인근 지역을 몰수하려 하였다. 사실은 기존 주민들을 쫓아내고 일본인들을 살게 하기 위한 것이었다. 이 지역에는 일반 주민뿐만 아니라 무당들이 많이 살고 있었다. 당시에 일제가 무슨 명목을 걸어 땅을 몰수하기 시작하면 조선 백성들은 돈 한 푼 보상받지 못하고 쫓겨나는 것이 보통이었다. 일제가 치외법권자라 해서 미국 선교사들을 무서워했고 교회는 함부로 건드릴 수 없었다.

---

159) 김동진, 앞의 책, 2010, 102쪽

노량진 주민들에게 한 가지 아이디어가 떠올랐다. 이 지역에다가 교회를 세우면 일제가 밀고 들어오지 못할 것이다. 그래서 주민들은 기독교 신자인 이원순을 초치하여 교회 설립을 추진하였고 헐버트 선교사에게 교회 설립 과정을 지도해 달라고 부탁하였다. 헐버트는 일제의 침탈을 막아 가면서 노량진 교회 설립을 앞장서서 도와주었고 교회가 설립되자 노량진 교회의 공식 예배를 최초로 인도하였다.

이렇게 되자 일제는 노량진에서 한 발을 빼며 흑석동 쪽에다 일본인 주거 지역을 건설하였다. 노량진 교회에는 일본인들에게 재산권을 송두리째 빼앗길 뻔하다가 교회 덕에 자신들의 재산권을 지킬 수 있게 된 주민들이 모여 예배를 드릴 수 있게 되었고 그 기독교인이 된 지역민들 속엔 많은 수의 무당들이 포함되어 있었다.[160]

한글의 이용(利用)에 관한 연구

한글에 관한 연구는 그 이론적 연구와 한글의 이용에 관한 연구의 2분야로 대별할 수 있겠다. 헐버트는 앞서 살펴본 대로 한글에 관한 이론적 연구(언어학적 고찰)에 힘쓰는 한편 당시의 언중들이 국문(언문, 한글)으로 문서를 작성함에 있어 필수적으로 부딪치는 실제적 문제들에 대한 연구와 고찰 및 대안 제시에도 힘을 썼다.

1894년의 갑오개혁 당시, 정부의 관용 공문의 문식(文式: 국문, 한문, 국한문 혼용 중에서 어느 방식을 쓸 것이냐 하는 것) 문제가 심각하게 등장했다.[161] 수천 년 써 오던 한문을 폐지한다는 것은 매우 큰 용단을 필요로 하는

---

160) 김동진, 위의 책, 103쪽 참조
161) 이기문, "개화기의 국문 사용에 관한 연구", s-space.snu.ac.kr, bitstream PDF, 20쪽 참조

일이었다. 오직 새 시대의 기운이 이것을 가능케 한 일인데 조정에서는 1894년 11월 21일에 '공문식(公文式)'에 관한 칙령(勅令)을 내렸다.

法律勅令 總之國文爲本 漢文附譯 或混用國漢文
모든 법률 칙령·공식 문서는 국문을 기본으로 하여 한문 번역을 붙이거나 국한문을 혼용하도록 한다.

이렇게 되자 조야의 모든 면에서 국문 사용이 늘게 되고 국문 사용이 늘게 됨에 따라 국문 문식의 통일 문제가 제기되었다.

당시로서 한글(국문)의 문식의 통일 및 정비에 관한 문제 중 가장 기본적이며 시급한 것이 맞춤법(표기법, 철자법)과 띄어쓰기, 문장부호(점찍기), 한글 로마자 표기 등이었다.

헐버트는 한글의 이용에 관한 문제에도 많은 관심을 기울여 개화기 최초의 한글학자라고 할 수 있는 지석영, 주시경 등과 함께 국문 문식의 통일 및 정비에 관한 연구와 실천 운동에 힘쓰는 한편 『한국 소식 *The Korean Repository*』 등의 저널에 이들 문제와 관련된 논문들을 다수 발표하기도 하였다.

헐버트의 한글 맞춤법 연구, 뎨국? 졔국? 제국?

1894년의 갑오개혁을 계기로 조정의 공문식에서는 물론이요 일반에 의해서도 조선의 문서들은 국문(한글)을 기본으로 하거나 적어도 국한문을 혼용해서 사용하게 되었다. 당시로서 조선에는 오늘날의 '한글 맞춤법 통일안'과 같은 통일된 문자 사용의 규칙이 없었다. 따라서 글 쓰는 이마다 서로 다른 중구난방의 어법이 횡행하고 있었다.

그러한 문자 사용의 규칙 중에서도 가장 중요한 것이 맞춤법(Spelling)에 관한 것이었다. 공식적인 표준은 아니었지만 조선의 유력한 한글 전용 신문인 『독립신문』이 나름의 일정한 맞춤법의 규칙하에서 글이 쓰이고 있었기 때문에 일반인이나 학자들도 한글(언문, 국문)로 글을 쓸 때는 『독립신문』의 표준을 많이 따랐을 것으로 생각된다.

한글 맞춤법과 관련하여 1904년에 헐버트는 중요한 논문을 썼다. 『한국평론 The Korea Review』 1904년 9월 호에 실은 "한글 맞춤법 개정(Spelling Reform)"이라는 제목의 논문이 그것이다. 여기서 그는 한글 맞춤법에 대하여 다음의 세 가지 점이 필수적으로 바로잡아져야 된다고 주장한다. (당시에 "제안되어 있는 개정안"의 내용이라고 한다.)

아래아('ㆍ')와 보통의 'ㅏ' 중 하나만 쓰자.
'ㅈ'으로 발음하는 곳에 'ㄷ' 자를 쓰지 말고 원래의 그 소리(구개음화되어 있는 상태)를 나타내는 글자를 쓰자.
'ㅅ', 'ㄷ', 'ㅈ' 자 뒤에 오는 불필요한 이중 모음 표기를 없애고 단모음 표기를 하자.

하기야 1896년에 창간된 『독립신문』에서 보면 다음의 예에서와 같은 표기 양식을 나타내고 있었다.

"독닙신문이 본국과 외국 수정을 자셰이 긔록훌 터이요 정부속과 민간 소문을 다 보고 훌터이라 정치샹 일과 농수 장수 의술샹 일을 얼마 콤식 이 신문샹 미일 긔록 홈"[162]

---

162) 『독립신문』, 제1권 제1호, 1896. 4. 7. 광고

여기서 보면 당시에 아래아(ㆍ) 자가 쓰이고 있고, '사경', '자셰이' 등에서와 같이 이중 모음이 쓰이고 있었으며 '뎨일권', '뎨일호'와 같이 'ㄷ' 자도 구개음화되지 않은 상태로 쓰이고 있다.

1896년 독립신문에서의 이러한 표기는 적어도 1904년 헐버트가 "한글 맞춤법 개정(Spelling Reform)"이라는 논문을 쓸 때까지도 고쳐지지 않고 지속되고 있었던 것으로 보인다.

돌이켜 보면 독립신문 창간 당시부터 한글의 표기를 어떻게 할 것인가에 대한 문제는 중요한 문제로 인식되었다. 그래서 주시경(周時經) 등은 1896년 5월 서울 정동 독립신문사 안에 국문동식회(國文同式會)라는 연구회를 설립하고 한글 맞춤법에 대하여 연구하고 토론하였다.

그림 43 1898년 창간된 『제국신문』 제1호

좁게는 독립신문의 국문 표기를 제일(齊一)하게 통일하기 위한 것이지만 앞으로 조선에서 공문식(公文式)으로 사용될 국문을 사용할 때 표준이 될 수 있는 표기법 정립의 초석을 놓기 위한 것이기도 하였다. 이 국문동식회에서는 헐버트, 주시경, 김가진, 지석영 등이 주동적으로 참여하여 활약했던 것으로 보인다.[163]

---

163) 이 사실이 헐버트의 관립중학교 제자 오성근의 일기에 담겨 있다고 한다.
헐버트(김동진 역), 앞의 책, 2016, 299쪽, 주석11

한글 띄어쓰기는 누가 맨 먼저 시작하였을까?
"아버지가방에들어가신다?"

많은 인터넷 글들이 '한글 띄어쓰기를 창시한 호머 헐버트'라고 쓰고 있다. 여기에 대해서 헐버트가 띄어쓰기를 창시하였다고 보기는 어렵지만 여기에 적극적으로 관여하여 이것이 정착되는 데에 크게 기여하였다고 말할 수 있겠다.

좁은 의미에서 한글 띄어쓰기(점찍기)를 최초로 명시적으로 주창한 공로는 윤치호(尹致昊)에게 돌리는 것이 마땅할 듯하다. 김동진[164] 이 소개하는 바에 의하면 『한국소식 The Korea Repository』 1896년 1월 호 학예란에 "점찍기 또는 띄어쓰기(Commas or Spacing)"라는 글이 실렸다.

이 글에서 글쓴이는 점찍기와 띄어쓰기를 시도해 보면 한글을 편하게 읽을 수 있다면서 띄어쓰기가 필요한 예를 들었다. '장비가 말을 타고'라는 문장이 띄어쓰기가 없으면 '장비 가말[가마]을 타고'로 읽힐 수 있다고 하였다.

그 글의 끝에 T. H. Y.라는 글쓴이의 필명이 나오는데 T. H. Y.가 누구인지는 확실히 알 수 없지만 김동진은 그 사람이 편집실에서 중요한 역할을 담당했던 윤치호라고 생각한다. 윤치호의 영어 이름은 여러 곳에서 T. H. Yun(Tchi-Ho Yun)이었음이 확인된다고 한다. 필자도 이 견해에 동의한다.

이때 이 글이 실린 『한국소식 The Korea Repository』 공동편집인은 헐버트였고 학예란은 편집자의 코너다. '점찍기 또는 띄어쓰기'라는 이 글은 윤치호의 필명으로 쓰였지만 이 주제는 헐버트를 비롯한 『한국소식』 편집진에 의해 논의되어 오던 바가 게재되었던 것으로 보인다.

---

164) 김동진, 앞의 책, 2010, 123-124쪽

1896년 4월 7일에 『독립신문』이 순국문체를 채택하였다. 이는 우리나라 문자 사용의 역사에서 특기할 만한 사실의 하나였다.
　독립신문은 창간호 논설에서

우리 신문이 한문은 아니쓰고 다만 국문으로만 쓰는 거슨 샹하 귀쳔이 다 보게 홈이라 또 국문을 이러케 귀졀을 쎼여 쓴 즉 아모라도 이신문 보기가 쉽고 신문 속에 잇는 말을 자세이 알어 보게 홈이라

라고 띄어쓰기 방식을 채택함을 분명히 밝히고 실제로 띄어쓰기 조판으로 지면을 편집하였다. 헐버트는 『독립신문』의 숨은 산파이다. 헐버트는 1893년부터 1897년까지 감리교 출판 기관인 삼문출판사를 운영하였다. 이 무렵 서재필(徐載弼)이 미국에서 돌아왔다. 그는 귀국하자마자 삼문출판사를 운영하고 있던 헐버트를 만나 신문 제작에 관한 협의를 하고 1896년 4월 7일 최초의 한글 신문인 『독립신문』을 창간하였다. 서재필은 신문 제작에 있어 삼문출판사의 시설을 이용했다.[165]
　『독립신문』은 한글판과 영문판으로 나누어 발행하였다. 신문탄생 초기에 헐버트가 신문 제작뿐만 아니라 기사 작성에 큰 역할을 하였으며, 영문판은 헐버트가 사실상 편집인이었다.[166]
　이 독립신문의 한글판에서 최초로 띄어쓰기가 시작된 것이다. 그러면 독립신문 창간호에서 최초로 띄어쓰기를 채택함을 선언한 이 논설은 누가 쓴 것일까? 원래 일간 신문의 사설은 무기명으로 쓰는 것이기 때문에 필자의 이름을 특정할 수는 없을 것이다. 신문사학자 이해창(李海暢) 교수에

---

165) 한철호, "텬로 력뎡, 배재학당 삼문출판사와 개화기 문화" 『배재학당 역사박물관 연구집』 2, 2010
166) 김동진, 앞의 책, 2010, 143쪽

의하면 창간 당시 독립신문사의 사장은 서재필이었고 주시경은 총무 겸 교보원(校補員: 교정 보는 사람)으로 신문 편집에도 관여하였다.[167]

어떤 사이트에 의하면 독립신문 창간 당시 서재필이 사장 겸 주필로 있었으며 국문판 논설과 영문판 사설을 맡았다고 한다. 주시경은 조필(助筆)로 국문판의 편집과 제작을 담당하였다고 한다. 그렇다면 무기명으로 쓰인 창간호 논설은 서재필이 썼을 가능성이 있다.

그런가 하면 영어에는 띄어쓰기가 있고 점도 찍는 것을 볼 때 독립신문의 숨은 산파였던 헐버트는 서재필과 주시경 등과 이 부분에 대하여 많은 논의를 했을 것이고, 그러한 논의가 띄어쓰기와 점을 찍는 제도를 새로이 도입하는 데 크게 공헌하였을 것으로 추측된다.[168]

한글학계에서는 1896년 4월 7일 『독립신문』 탄생과 함께 서재필, 주시경이 최초로 띄어쓰기와 점찍기를 시작했다고 보고 있다.[169] 이러한 점에 비추어 점찍기와 띄어쓰기는 『독립신문』의 창간 이전부터 헐버트를 비롯한 『한국소식』 편집팀에 의해 논의돼 오다가 『독립신문』 창간을 계기로 정착되었다고 볼 수 있겠다.[170]

한국어 로마자 표기, Corea? Korea?

조선은 이미 문호가 개방된 이상 조선 안에서만의 나라가 아니요, 세계 속의 조선이며 조선인은 세계 속의 조선인이다. 따라서 나라의 이름이나 지명, 인명 등 고유명사는 물론이요 일반의 한국어라도 우리나라 말을 우

---

167) 이해창, 「한국신문사 연구」, 개정 증보판, 성문각, 1983, 32쪽
168) 김동진, 앞의 책, 2010, 123쪽
169) 김동진, 위의 책
170) 김동진, 위의 책, 125쪽

리글을 모르는 외국인에게 소개할 때는 그 외국인에게 익숙한 국제성을 가진 문자(흔히 이를 로마자라고 한다)로 표기해야 하는 문제가 생긴다.

이것을 흔히 한국어 로마자 표기(Romanization)라고 하는데 조선의 문호 개방 초기 선교사들이 조선의 문물(특히 고유명사들)에 대하여 로마자 철자로 표기할 때 어떻게 하는 것이 바람직하냐 하는 문제가 중요하였다.

후에 우리나라에는 해방 직후 최현배에 의해서 로마자 표기법이 제안된 바도 있었고 1959년부터 1984년까지 대한민국 표준으로 '문교부 한글 로마자 표기법'이 사용되었다. 이후 1984년, 서울 올림픽을 앞두고 '매큔-라이샤워 표기법'을 일부 수정한 표기법을 사용하기도 하였다. 그러나 2,000년에 종래의 것을 종합적으로 고쳐 이것을 '국어의 로마자 표기법'이라는 이름으로 개정하였고 이것은 다시 2014년 일부 개정을 거쳐 현재까지 시행하고 있다.

그런데 이것은 개화 초기에는 일정한 기준이 없었기 때문에 사용하는 사람에 따라 중구난방으로 쓰이게 되었고 이런 사실이 당시에 입국해 있던 외국인들이나 선교사들 사이에 많은 논란이 야기되었다.

한국어 또는 일반적인 언어학에 조예가 깊었던 헐버트의 경우는 이 문제에 관하여 어떻게 대응했는지 살펴보도록 하자.

헐버트가 쓴 것으로 추정되는 『한국소식』 1895년 6월 호 사설에 의하면 당시에 조선에 와 있던 장로이며 선교사였던 베어드(William M. Baird, 1862-1931)[171]가 『한국소식』 1895년 5월 호에 한국어 로마자 표기에 대한 글을 발표한 듯하다.

"베어드 씨의 '한국어 로마자 표기'에 대해(Mr. Baird on Romanization)"라는 사설에서 한국어에 익숙하지 않은 사람들에게 어떻게 하면 영어 알

---

171) 베어드: 1891년 조선에 왔으며 평양의 숭실학당(숭실대학교로 발전)의 교장이 되었다고 한다.

파벳 기호를 이용하여 한국어 발음을 올바로 전달할 수 있는지 말하고 있다.[172]

이 글에 의하면 베어드 씨의 한국어 로마자 표기의 요체는 영어 알파벳을 보충하는 '발음 구별 부호'를 가미하여 만족할 만한 기호 체계를 만들 수 있다고 보는 것이다. 즉 웹스터(Webster) 사전에서 하듯이 영어 알파벳에 '발음 구별 부호(부점)'를 붙인 약 60개 정도의 기호를 통해 외국어(한국어)의 음운 변이를 표현하자는 것이다.

사설은 베어드의 이런 주장을 비판하면서 발음 기호표를 만드는 일반 원칙은 정확도보다 실용성에 무게를 두어야 한다고 보았다. 실용성을 위해서는 베어드가 제안한 기호들의 숫자를 상당수 줄여야 한다고 보았다. 결론적으로 기호 수는 가능한 한 적어야 하며(28자 내외), 한국어 로마자 표기에 있어 다음과 같은 일반 원칙의 보충이 필요하다고 보았다.

1. 무성 파열음은 기본적으로 강하게 표기한다.
※ 편역자 김동진은 이에 대한 주석에서 다음과 같이 말한다. 'ㅂ', 'ㄷ', 'ㄱ', 'ㅈ' 등이 유성 파열음(medial consonant)인데 이는 말 첫머리에서는 무성음이지만 모음이나 유성 자음 사이에서는 유성음으로 발음된다. 헐버트는 '단군'의 예를 들어 '단'의 'ㄷ'(유성음)은 't'나 'd' 중에서 선택할 수 있지만 '군'에서의 'ㄱ'(유성음)은 'g'로만 표기해야 한다고 주장했다.
2. 발음 구별 부호(diacritical changes)는 '어'의 경우에 한해서 필요할 때 쓴다.

---

172) "Mr. Baird on Romanization", *The Korean Repository*, June. 1895(김동진 역), 『헐버트 조선의 혼을 깨우다』, 참좋은친구, 2016, 163쪽

3. 활음조 현상(euphonic changes)은 각자의 판단에 맡긴다.

※ 예를 들어 '종로'의 '로'는 'ro' 또는 'no'로 알아서 쓰자는 것이다.

4. 단어를 이루는 음절의 연결은 붙임표(-)로 잇는다.

※ 예를 들어 『ᄉᆞ민필지』의 ᄉᆞ민을 'sa-min'으로 표기하는 것과 같은 것이다.

5. 첫소리가 'ㅅ' 또는 'ㅈ', 또는 이들의 변형으로 시작한 음절의 로마자 표기에서는 이중 모음 'y'를 뺀다.

※ 예를 들면 경기의 '경(Gyeong)'에는 'y'가 들어갈 수 있으나, '셔울'의 '셔'에서는 'y'[173]를 넣지 말자는 뜻으로 이해해도 좋을 듯하다.

---

173) 위의 책, 2016, 165쪽 본문 하단 각주 2, 3, 4, 5 참조

3장
헐버트의 조선 역사·문화 연구

　헐버트의 내한(來韓) 목적은 서양의 선진 문명을 조선에 알리어 조선을 하루속히 개화·개명되게 하기 위한 것이었다. 즉 무엇보다도 그가 알고 있는 바를 조선의 학생들에게 가르쳐 주고자 하는 것이 그의 일차적 사명이었던 것이다. 그런데 그는 이미 알고 있는 바를 전파하는 교사(teacher)일 뿐만 아니라 무엇인가를 깊이 탐구하여 지식 체계를 세우는 연구자(researcher)로서의 기질을 가지고 있었다.

　그래서 그는 한국말과 한글에 대하여도 당장의 필요에 따라 익히고 공부하는 데에 그치지 않고 스스로 한국어 학자와 한글학자가 되어 국어와 국문에 대하여 깊이 연구하여 『한국소식』 등 간행물에 열심히 발표하였던 것이다. 그의 재한 중 연구자 기질은 언어 방면에서뿐만 아니라 역사(歷史)의 방면에서도 발휘되었다.

　역사는 한 나라의 현재의 체제, 처한 현실, 민족의 의식과 문화의 뿌리이다. 조선의 현실을 잘 이해하려면 조선의 역사부터 알아야 그것을 제대로 이해했다고 할 수 있을 것이다. 그래서 헐버트는 내한 초기부터 한국의 역사와 문화에 대한 탐구를 꾸준하고도 심도 있게 진행하였다.[174]

---

174) 김동진, 『파란눈의 한국혼 헐버트』 초판 2쇄, 참좋은친구, 2010, 160쪽

조선의 역사 자료는 대부분 한문으로 된 것이다. 외국인으로서 한글을 공부하고 익히는 것도 쉬운 일이 아닌데 헐버트는 한국의 역사에 대하여 제대로 익히기 위하여 한문으로 된 역사책들까지 공부하면서 피나는 노력을 했다.

그리하여 그의 15년에 걸친 집념 어린 탐구 끝에 『한국사 The History of Korea』와 『대한제국 멸망사 The Passing of Korea』라는 두 편의 한국 통사(通史)를 저술하였다.

『한국사』(영문판 상하권)와 함께 『대한력사』 (한글판 역사교과서)도 출간

헐버트는 자신이 연구해 온 한국 역사에 대해 1901년부터 영문 월간지 『한국평론』에 4년에 걸쳐 시리즈로 기고하였으며 이를 책으로 묶어 1905년 『한국사』를 출간하였다. 영국 런던에서 출판하였으며 영문판이다. 영문으로 된 이 책은 국내 외의 영어 사용 국민에게 조선 역사에 대해 소개하기 위한 것이었다고 할 수 있다.

그런데 헐버트는 정작 조선의 역사에 대해 조선의 민중과 학생들에게 알리고 싶었다. 그래서 그는 그의 관립중학교 제자 오성근과 함께 신식 학교 교과서 시리즈의 한 편으로 『대한력사』를 한글로 저술하여 1908년 출판하였다. (원래 상하권으로 기획되었으나 상권만 나왔다.)

헐버트는 "자기 나라 역사를 알지 못하는 자는 금수와 다름없으며 외국과의 경쟁에 참여할 수도 없고, 설령 참여해도 패배할 수밖에 없다"라고 하여 조선의 학생들에게 강한 역사 의식을 심어 주려고 노력했다.[175]

---

175) 위의 책, 88-89쪽 참조

『한국사 The History of Korea 』는 어떤 책인가?

그림 44 신라 진흥왕 순수비 탁본

1권(Volume 1)이 409쪽, 2권(Volume 2)이 398쪽, 도합 800여 쪽에 달하는 방대한 저서이다. 당시까지 조선의 학자들에 의해서도 단군 시대부터 고종황제까지의 조선 전체의 역사 즉 통사(通史)가 한 책으로 기록된 일은 없었다. 헐버트는 조선 전체의 역사를 『한국사 The History of Korea』라는 제호로 영어로 저술하여 영문판으로 출간하였다.

이 책의 1권에서는 단군 시대부터 통일신라 때까지(고대사), 신라의 멸망과 고려시대까지 (중세사), 조선왕조 전기까지(근대사)를 다루었다.

그리고 2권에서는 임진왜란 후반기부터 근대사인 고종황제 시대까지를 담았다. 헐버트는 이 책의 자료원으로 고대사는 안정복(安鼎福)의 『동사강목(東史綱目)』, 서거정(徐居正)의 『동국통감(東國通鑑)』, 중국 책인 『문헌통고(文獻通考)』를 참고하였다.

조선왕조 500년의 역사에 대하여는 통째로 참고할 만한 자료가 없어서 애먹었다. 부분적인 자료들을 집합하여 스스로 구성하여야 하였다. 헐버트는 근대사인 고종의 시대를 자세히 기록하였는데 이 부분에 대한 사료의 확보에는 특별한 어려움이 있었다. 왜냐하면 당시의 규정상 당대의 왕조가 끝나기 전까지는 사료를 공개할 수 없었기 때문이다. 이 부분은 고종황제의 특별한 윤허를 얻어 사료를 열람함으로써 책을 완성할 수 있었다.

항복 군주 인조의 귀경길

"항복 의식을 마치고 인조 임금이 송파나루를 건너야 할 때 그를 따라 강을 건너려는 사람들이 너무나 많은 데 비하여 이들을 태울 나룻배의 수는 몇 척이 안 되어 먼저 타려는 사람들로 나루터는 아수라장을 이루고 있었다. 임금도 체면을 지킬 처지가 아니었다. 이리 밀리고 저리 끌려다니다가 겨우 뱃전에 오를 수 있었다. 그럭저럭 나루를 건너 행차는 도성을 향하여 진행되었다. 임금의 행차가 지나가는 연도의 곳곳에는 청나라 군사들의 막사가 즐비했는데 거기에는 수없이 많은 조선 여인들이 끌려와 있었다. 그 여인들은 멀리서 임금의 행차를 보자 가슴을 쥐어뜯으면서 울부짖고 있었다. 그러나 거기에는 그런 여인들만 있었던 것은 아니다. 어떤 여자들은 조선을 떠나 청나라로 끌려가는 것이 잘되었다는 듯이 희희낙락하고 있었다.

청군 진영에서는 인조 임금의 입경을 기해서 서울에 주둔하고 있던 청군 군사들은 모두 철수하라는 명령을 내렸다. 임금이 서울 도성에 진입할 때, 청국 군사들은 그동안 서울에서 마음껏 약탈한 전리품을 바리바리 싣고 서울 도성을 빠져나가고 있었다. 청국 군사 행렬과 함께 수없이 많은 조선인 포로들도 줄줄이 끌려가고 있었다.

마침내 조선 임금의 행렬과 청국군의 철수 행렬이 맞닥뜨리게 되었다. 임금이 지나가는 것을 보고 끌려가던 포로들이 "전하, 저희들을 구해 주세요" 하고 울부짖었다. 그러나 무자비한 청나라 군사들은 욕설과 채찍을 퍼부으면서 그들을 앞으로 내몰았다. 저녁 7시경 인조 임금은 성문을 통과하였다. 서울 장안은 거의 폐허가 되어 있었다. 거리거리에 시체 더미가 널려 있었고, 길가의 가옥들은 모두 잿더미로 변해 있었다.

닭장 속에는 달구새끼 한 마리도 남아 있는 게 없었고, 돼지우리도 텅텅 비어 있었다. 거리에 돌아다니는 짐승이란 개들밖에 없었는데 이들은 이미 늑대로 변해서 거리에 나뒹굴고 있는 송장들을 뜯어 먹고 있었다. 서울 도성 안의 왕궁들 중에서 창경궁(昌慶宮)이 동대문에서 가장 가까웠기 때문에 임금과 왕실 가족들은 일단 창경궁에 들었다. 청태종은 청나라 군사들에게 이날 이후 조선에서의 약탈 행위는 엄하게 금한다고 명령하였다. 청군들은 마지막 기회라는 듯이 서울 도성을 밤새도록 누비고 다니며 곳곳을 불 지르고 극렬한 약탈에 열을 올렸다.

이틀 뒤에 청태종과 본진은 조선을 떠나는 북행길에 올랐다. 조선의 임금은 동대문 밖 10리 지점에 나아가 떠나는 청태종을 배웅하였다. 청군은 서울 도성을 가로지르지 않고 서울을 동쪽 방향에서 우회하여 북행길에 올랐던 것이다.

헐버트저『한국사』중 한 대목 소개 (E Book: Project Gutenberg's
The History of Korea(1905: vol. 2 of 2, Chapter VIII),
by Homer B. Hulbert: 영어 원문의 이 부분 번역은 오두범)

『대한제국 멸망사 The Passing of Korea 』는 어떤 책인가?

『대한제국 멸망사』는 방대한 책이다. 이 책을 방대하다고 하는 것은 그 분량이 473쪽이나 된다는 것뿐만 아니라 그 목차로서 35개의 주제에 걸친 조선의 모든 것을 담고 있다는 점에서 그렇다.

즉 책의 제목에서 말하고 있는 바는 대한제국(조선)의 역사에 대하여 쓴 것이지만 조선의 역사 즉 대한제국 멸망사의 배경이 되는 문화, 정치 제도, 지리적 환경, 전통, 풍속, 산업, 교육, 노비, 화폐, 제도 등 직간접적인 모든 것들을 방대하게 다루고 있다. 즉 조선의 역사와 현실에 대한 모든 것에 대한 종합적 분석서이며 소개서라고 할 수 있겠다.

이 책에서는 그 앞머리 부분에서 조선(Korea)의 역사 전반에 대하여 고찰하고 있다. 먼저 고대사, 중세사부터 압축적으로 고찰하고 다음으로 조선왕조 시대에 대하여 몇 단계의 시기(時期)로 나누어 요약하고 있다. 즉 임진왜란 전까지의 융성기, 조선 후기(병자호란 이후)의 정치적 역사적 굴곡을 살펴보고 있는바 여기까지의 부분은 직전 저서인 『한국사』를 압축하여 제시한 것이라고 할 수 있다.

그다음에 책 제목대로 대한제국 멸망사 즉 국권 상실 과정을 기술하고 있다. 즉 고종친정의 시작, 제물포 조약과 개항, 명성황후 시해 사건, 독립협회의 결성과 활동, 러시아의 침투, 러일전쟁, 일본의 국권 침탈 등을 기록하고 있다.

그리고 이러한 '역사' 부분을 전후하여 역사의 배경이 되는 국토, 민족, 문화, 풍속, 사회 경제 제도 등에 대하여 각기의 중요한 주제별로 다루고 있다. 즉 조선의 강역(疆域), 민족(民族) 등에 대하여도 다루고, 재정 수입원, 통화, 건축과 건물, 교통(운송수단), 공업, 경기(競技)와 오락, 대내 교역과 대외 교역, 기념물과 유적, 언어, 문학, 음악과 시(詩), 미술, 교육, 민속(民俗) 등 거의 모든 것에 대하여 기술하고 있다.[176]

한마디로 이 책에는 대한제국이 국권을 상실하고 나라와 백성이 통째로 국권을 잃은 노예 상태로 전락해 가는 과정을 안타까운 눈으로 지켜보며 일본의 무도한 침략 행위를 고발하고 한국의 억울함을 세계 열방에 환기하고자 하는 저자의 충정을 담았다.

---

176) 헐버트는 『대한제국 멸망사』를 저술하는 데 있어 자료 수집의 한 방법으로서 다양한 계층의 조선 사람들(갓 쓰고 도포 입은 양반들을 비롯하여 족쇄를 차고 감옥에 갇혀 있는 죄수들, 산속의 승려들, 바닷가의 뱃사공과 어부들)을 만났다고 책의 서문에 쓰고 있다.

그림 45 논산 관촉사 석조 미륵보살입상(은진미륵)

헐버트의 조선 문화 풍속에 대한 연구

헐버트의 조선과 조선의 문화에 대한 관심은 전방위적이다. 그는 조선의 언어와 역사 이외에도 문학(시, 소설), 음악과 미술, 종교와 풍속 등의 다양한 분야에 대하여 알아보고, 탐구해 보고, 개중에 외국에 소개할 것은 글과 수집 자료로 만들어서 소개하는 다양한 활동을 벌였다.

그림 46 춤추는 조선 여인

조선의 소설

헐버트는 조선의 소설에 대하여 정곡을 찌르는 관찰을 하고 있다. 조선에는 근대적 의미의 소설과 소설가가 없다는 관찰인데 맞는 말이라고 생각한다. (당시에는 이인직의 신소설이나 춘원 이광수의 현대 소설이 나오기 이전이다.)

저 신라 시대부터 최치원(崔致遠) 같은 학자에 의하여 이야기(Fiction)류의 글이 쓰이긴 하였지만 대부분 한자로 쓰인 것이니 민중과 호흡하는 소설이 있었다고 보기는 어려울 것이다.

그러면서도 조선 후기에 와서 서포 김만중, 교산 허균 등에 의하여 쓰인 언문 소설도 있었고 그 후대에 이르러 헐버트가 조선에 와 있던 기간까지도 저자 미상의 언문 소설[177] 이 시중의 책방과 거리의 노점에 많이 있어 대중에게 널리 읽히고 있었다.

헐버트는 이런 현상과 함께 글로 쓰인 소설뿐만 아니라 구전소설(口傳小說)의 전통이 강하게 남아 있다고 말한다. 부유층 양반들이 소설(이야기)을 읽고(듣고) 싶을 때는 책방에 가서 책을 사는 것이 아니라 광대 또는 전문 이야기꾼(소리꾼)을 불러 이야기를 소리(판소리)로 듣는다.

이들 소리꾼의 숙련된 동작과 음조(音調)가 이야기에 연극적 요소를 더해 주기에, 이 '광대의 이야기 풀기'는 예술성에 있어 서양의 소설을 훨씬 능가한다.[178]

---

177) 육전 소설이니 딱지본 소설이라고 불렸던 이른바 고대 소설류를 지칭한 듯하다.
178) 서양의 오페라에 버금가는 것 아닐까?

조선인의 독특한 미술품 감상법

　헐버트는 조선인의 미술 감상법에 대하여도 재미있는 관찰을 하고 있다. 조선 사람들은 미술품을 갤러리나 미술관(Art Museum)의 벽에다 걸어 놓고 감상하는 것이 아니라 '다락'이라고 불리는 벽장 속에 숨겨 놓고 한 번에 한 점씩 꺼내서 즐긴다.
　미술품이 하나 들어와 지인들에게 보이고 싶으면 사랑방(reception room)에 걸어 두고 지인들에게 보여 주고 1~2주 후에는 다른 예술품으로 교체한다고 한다. 헐버트가 관찰하기에 이러한 현상은 조선의 가옥 구조 때문이 아닐까 한다. 대갓집이라도 큰 방이 없고 안방, 건넌방, 사랑방 등의 작은 방들로 나뉘어 있기 때문에 작품들을 한곳에 모아 관리할 공간은 아예 없는 것이다.

조선의 음악과 시에 대한 고찰과 감상

① **조선의 성악 ― 시조창과 민요, 잡가, 동요, 노동요**

　조선의 성악은 두 부류로 나뉜다. 하나는 시조로서 고전음악이고 다른 하나는 하치로서 대중음악이다. 시조창은 안단테(매우 느리게)와 트레몰로(떨림 소리)의 성조가 북장단에 맞추어 불린다. 시조의 음조에서는 고도의 권위와 품위가 느껴지며 곡조가 느리게 이어지며 경우에 따라서 한 음의 길이가 다음 숨으로 바뀔 때까지 이어지는 경우도 있다.
　따라서 시조 한 가락을 제대로 부르려면 오랜 노력(훈련)이 필요하다. 그래서 엄밀히 말하면 오랜 수련 끝에 알아주는 시조 전문 기생(dancing girl)

이 된 사람만이 완벽하게 시조를 부를 수 있다고 할 수 있다. 그런 면에서 시조와 같은 성악 스타일은 서양 사람에게는 공감하기 어려운 성악 형식이라고 하겠다.

이에 반해서 하치라고[179] 불리는 조선의 대중음악들은 서양에서 부르는 노래와 비슷한 점을 가지고 있다. 음률에는 박자와 고저가 있어 음들을 서양의 음계로 환원시킬 수도 있고 따라서 악보에 옮길 수도 있다.

조선의 동요: 조선의 어린이들은 동요 부르기를 좋아한다. 여름 초저녁 마을 앞마당에서 어린이들은 목소리를 높여 동요들을 합창한다. 예를 들면 다음과 같은 노래다.

먼저 한 어린이가 선창한다.

문경새재 고갯마루에(의)
박달나무를 잘라 내어
홍두깨 방망이 만들어서
우리 님 옷이나 다듬어 보세

그러면 모든 어린이가 후렴구를 합창한다.

아리랑 아리랑 아라리요
아리랑 얼싸 배 띄워라

---

[179] 이것들은 민요와 잡가 등을 말하는 듯하다.

문경새재 박달나무
홍두깨 방망이 나간다[180]

　조선의 노동요: 조선인들은 놀라운 노동 문화를 가지고 있다. 동양에서 개인('individual', 'person')은 없다. 개인주의 관념은 희박하다. 개인은 전체를 구성하는 주요 요인의 하나가 아니라 사회 전체에 속해 있는 개개의 분자일 뿐이다. 개인이나 가정보다도 씨족이나 부락, 집단이 중요하다. 따라서 조선 사람들은 일할 때 개인적으로 하는 것이 아니라 집단적으로 힘을 합쳐서 한다.

　집단이 모여서 공동 작업을 하려면 동작을 일치시키는 구령이 필요하다. (가래질하는 것이나 집터 다지기 작업의 예를 생각해 보자.) 예를 들어서 장정 10명이 공동 작업을 하려면 거기에는 한 명의 리더가 필요하다. 리더는 직접 일을 하지는 않고 10명의 합동 작업을 지휘한다. 리더는 먼저 네 음절의 메김소리를 외친다. 그러면 일꾼들이 그 소리를 받아서 입으로는 메김소리를 합창하면서 울력의 동작에 힘을 모은다.

　리더는 재담꾼이다. 무미하게 공식적 구령만 반복하는 것이 아니라 자기의 구령에 구수한 입담을 담아 일꾼들의 흥을 돋운다. 노동은 일이 아니라 놀이가 된다.[181]

---

180) 헐버트가 『한국소식 The Korean Repository』 1896년 2월 호에 쓴 "조선의 성악"이라는 글(김동진 역)에서는 이 노래를 헐버트가 아리랑을 채보한 것이라고 소개하고 있으나 헐버트 저, 『대한제국 멸망사 The Passing of Korea』의 "조선의 음악과 시"라는 장에서는 조선의 어린이들이 부르는 동요라고 소개하고 있다.

181) Hulbert, Homer B., *The Passing of Korea*, N.Y: Young People's Missionary Movement of the United States and Canada, 1906, pp. 314-329

② 조선의 시(詩)

　조선에서 시와 음악은 버선을 앞뒤로 뒤집어 놓는 것과 같다. 시에 곡조를 붙이면 노래가 되고 시는 노래의 가사가 된다.
　헐버트는 조선에서의 시(poetry)의 특징은 시어가 엄청나게 함축적(condensed)인 데 있다고 보았다. 한문글자 6개(또는 한글 단어 2어절)만 붙여 놓으면 영어로 한 개 단락의 길이로나 표현될 수 있는 의미를 담아 버린다. 예를 들면 다음과 같은 것이다.

이달이 삼월인지 버들빗 프르럿다
괵고리 깃 다듬고 호접 펼펼 셧겨난다
ᄋ히야 거문고 튤 골너라 츈흥겨워

이 시조(시)를 영어로 옮긴다면 다음과 같이 될 것이다.

The willow catkin bears the vernal blush of summer's dawn.
When winter's night is done.
The oriole that preens herself aloft on swaying bough
Is summer's harbinger.
The butterfly, with noiseless *ful-ful* of her pulsing wing,
Marks off the summer hour.
Quick, boy, thy zither; Do its strings accord? 'Tis well.
Strike up! I must have song.

겨울의 어둠이 지나가고
버드나무 꽃차례가 초여름의 싱그러움을 드러낸다.
산들거리는 나뭇가지 위에서 우쭐대는 꾀꼬리는
여름의 전령이다.
소리 없이 훨훨 날개를 펄럭이는 나비는
여름의 시작을 알린다.
어서, 소년아 가야금 줄을 조율했느냐?
좋다, 풍악을 올려라, 노래가 있어야겠다.[182]

외국인들이 조선의 함축적인 시어들을 제대로 이해(감상)하려면 긴 문장의 영어로 창조적으로 시의를 재해석하여야 할 것이다.

조선의 문화 예술을 창조적으로 감상하기

쳥산아 무러보자~

문학 작품에 대한 감상의 기본적 양식은 독자가 작품에 담긴 저자의 의도를 판박이로 이해하는 것이다. 이러한 감상법은 '바른' 감상법이라고 할 수 있을지는 몰라도 '즐거운' 감상법이 되지는 못할 것이다. 헐버트는 조선의 문학 작품에 대하여 '바른' 감상을 많이 하였을 뿐만 아니라 스스로 신이 나서 '즐거운' 감상의 경지까지 들어섰다. 조선의 예술 문화가 너무도 좋았던 것이다.

헐버트는 조선의 옛시조를 너무 좋아해서 "조선의 성악(Korean Vocal

---

182) 헐버트(김동진 역), 『헐버트 조선의 혼을 깨우다』, 참좋은친구, 2016, 395쪽

Music)"이라는[183] 글에서 몇 편의 고시조를 감상하여 감상기를 썼다. 손금(手相)을 좀 볼 줄 아는 점쟁이가 고객의 손바닥에 잡힌 몇 줄기의 피부 주름을 보고 그 사람의 탄생과 성장, 현재와 미래의 전 과정을 파노라마의 한 장면같이 읽어 내듯이 헐버트는 3·4조, 4·4조의 세 줄짜리 조선의 고시조를 읽고 각 행에 담긴 오묘한 행간의 스토리를 재현해 낸다. 이 얼마나 유쾌한 지적(知的) 유희(遊戱)인가?

그가 읽은 시는 다음과 같은 시조다.

쳥산아 무러보자 고금수를 네 알니라
영웅호걸들이 몃몃치 지나더냐
일후에 뭇ᄂ니 잇거든 나도함ᄭ게

이 시조에 대한 헐버트의 감상시는 다음과 같다.[184]

I
오 푸르른 산이여
내게 계시를 주오, 구름도 막아서는 그대여
세월도 그대를 해치진 못하오, 그대 기억의 눈은 아직도 또렷하오
전설이 살아 숨 쉬는 그대 봉우리에서
과거 현재 미래가 영원한 왕관을 찾은 듯하오
오 푸르른 산이여 내게 계시를 주오

---

183) 헐버트(김동진 역), "조선의 성악"(Korean Vocal Music), *The Korean Repository*, Feb. 1896, 『헐버트 조선의 혼을 깨우다』, 참좋은친구, 2016, 387-406쪽
184) 번역은 김동진, 위의 책

II
오 푸르른 산이여
그대의 신화를 들려주오, 어서 영웅호걸의 이름을 말해 주오
소년이든 사내대장부이든 현인이든
그대 산 정상의 보살핌에
내일을 위해 나아간 이, 오늘에 맞서 싸운 이,
어제를 향해 기억의 손을 내밀던 이
그대의 신화를 들려주오.

III
오 푸르른 산이여
그대 나의 기념비가 되어 주오, 오랜 세월이 흘러
주제넘은 젊은이가 또다시 그대의 비밀을 캐려 든다면
그대의 입술이 열려
그대의 찬사를 받을 만한 이들의 이름에,
나의 이름도 있기를 기원하오
그대 나의 기념비가 되어 주오

낙화암의 잔 다르크[185]

헐버트의 유쾌한 지적(知的) 유희(遊戲)는 "조선의 시(Korean Poetry)"라는 글에서 절정을 이룬다.[186]

원래 낙화암의 역사는 다음과 같은 것이다.

서기 660년 백제 의자왕 20년이다. 나당연합군의 수많은 군사가 일시에 수륙양면에서 쳐들어와 왕성(王城)에 육박해 오자 왕은 하는 수 없이 태자 융(隆)을 데리고 웅진성(熊津城)으로 달아나서 싸웠으나 힘이 모자라 당나라 장수에게 잡힘으로 백제는 망했다.

낙화암의 역사에 대하여 『삼국유사(三國遺事)』는 다음과 같이 전한다.[187]

"『백제고기(百濟古記)』에는 이렇게 말했다. ― 부여성 북쪽 모퉁이에 강물에 잇닿은 큰 바위가 있는데, 이렇게 전해 온다. '의자왕이 후궁들과 함께 죽음을 피하지 못할 것을 깨닫고, 차라리 자결할지언정 다른 사람의 손에는 죽지 않겠다고 말했다. 서로 이끌어 이곳까지 와서 강물에 몸을 던져 죽었기 때문에 세속에서는 이곳을 타사암(墮死巖)[188]이라 한다.'

그러나 이것은 항간의 말이 와전된 것이다. 궁인들만 죽었으며 의자왕은 당나라에서 죽었다는 것이 『당사(唐史)』에 분명히 기록되어 있다."

---

185) Jeanne d'Arc(1412-1431, 프랑스): 영국과 프랑스 간의 백년전쟁(1338-1451) 당시 프랑스 왕 샤를 7세가 영국군의 공격을 받아 곤경에 빠져 있을 때 신의 계시를 받았다고 하는 시골 소녀인 잔 다르크가 나타나 군대를 이끌고 선두에 서서 큰 전공을 세웠다. 남장한 잔 다르크는 직접 군대를 지휘하여 오를레앙(Orleans)시를 탈환하는 데 성공했다.
차하순, 『세계사총론1』, 제5판, 탐구당 2006, 447-448쪽

186) 헐버트(김동진 역), "조선의 시"(Korean Poetry), *The Korean Repository,* May, 1896, 『헐버트 조선의 혼을 깨우다』, 참좋은친구, 2016, 407-418쪽

187) 일연, 『삼국유사』, 기이 제1, 태공춘추공, (김원중 역, 『삼국유사』, 초판 26쇄, 민음사, 2016, 123-124쪽

188) 타사암(墮死巖)이라는 명칭이 다소 살벌한 느낌이 있었기 때문에 후세의 사람들이 부드러운 어감으로 낙화암(落花巖)이라고 고쳐 불렀을 가능성이 있다. 저자의 생각이다.

헐버트는 아마도 낙화암에 직접 가 보았던 것 같다. 그는 낙화암 언덕 위에 서서 물로 뛰어든 3천 궁녀 가운데에서 그들의 대장, 원래도 어엿한 백제의 왕비 의자왕의 부인을 떠올렸다. (과문한 필자(오두범)로서 낙화암을 말하는 어느 사서나 전설의 이야기 문인들의 글들 중에서 낙화 3천의 리더로서 용감한 백제 왕비를 언급한 것은 아마도 헐버트가 처음이 아닌가 한다.)

헐버트는 낙화암 전설의 감흥을 다음과 같은 자작시로 읊었다.

백제의 궁궐에서 비통한 울음소리가 들린다
겁쟁이 왕은 자신의 운명을 예지하여 달아나고
역전의 장수들도 쓰러졌다
(중략)
그의 도피로 왕비는 과부가 되는 것보다 더 처참하다
침략자들의 먹잇감으로 남겨질 뿐이다
정복자에게 당할 모욕과 희롱을 떠올리며
조용히 그녀는 떨고 있는 궁녀들에게 다가간다
대성통곡하는 궁녀들의 슬픔도
그녀의 고통에는 미치지 못한다
그러나 보라, 그녀는 웃는다
손짓으로 궁녀들을 불러 성벽 너머로 이끈다
(중략)
무자비한 전쟁을 저주하며 서둘러 절벽으로 간다
강물에 비친 자신을 보며 얼굴을 찡그린다
이제 낭떠러지 높이를 재어 본다

점멸하는 눈빛과 타들어 가는 가슴으로

그녀는 돌아서서

절망의 형적이 맴도는 곳에

영웅의 불꽃을 태우리라

(중략)

"보라, 망령들이 저기 시퍼런 웅덩이에서 기다린다.

물은 깊고 죽음의 부름은 냉혹하지만

가슴속에 순결을 간직하고

솜털 이불과 베개처럼

심연과 죽음의 품 안으로 떨어지자"

이렇게 말하고서,

그녀는 낭떠러지 끝으로 그들을 부른다

손에 손잡고 슬픔의 자매들은 서성이다가

허공으로 몸을 날린다

(중략)

그렇게 백제의 꽃들은 떨어졌지만

정절의 정상에 높이 올랐다![189]

---

189) 번역은 김동진, 앞의 책

4장
조선의 선한 이웃이 되어

일본군의 경복궁 점령

1894년 동학 농민 운동이 벌어진다. 농민 운동의 기세가 거세져 조선의 자체적인 군대로는 막지 못하게 되자 조선은 청나라에게 지원을 요청했고, 청나라는 아산만을 통해 2,800명의 병사를 파병하고 톈진 조약에 따라 일본에게 파병 사실을 알렸으며, 일본은 일본 거류민과 공사관을 보호하기 위해 일정 정도의 병력을 주둔시킬 수 있다는 제물포 조약을 핑계 삼아 8,000명의 병력을 인천만으로 파병했다.

정작 양국의 파병 명분으로 쓰였던 농민군은 외국 군대가 들어온다는 소식을 듣자마자 외세에 빌미를 주게 될 것과 그로 인한 궐기 목적의 변질을 두려워해 1894년 6월 6일에 전주 화약을 맺고 해산해 버렸다. 이로써 원칙대로면 청나라와 일본 양측 군대 모두 그대로 회군해야 했다. 따라서 조선 조정은 일본과 청나라에게 "동학농민운동은 이제 다 끝났으니 집에 돌아가라"라고 요구했으나 일본군은 듣지 않았다. 일본군 혼성 제9 여단 선발대, 6월 16일 혼성 제9 여단 4,000명이 제물포에 상륙했다. 이들은 6월 23일 한양으로 진군해 일부는 용산에 주둔하고 일부는 한양 시내를 진군하였다.

한양 시내로 진군한 일본군은 경복궁을 습격하였다. 주한 일본 공사 오도리 게이스케(大鳥圭介)는 7월 20일 용산에 주둔 중이던 일본군에게 경복궁 포위를 종용하였고, 그의 주도로 23일 경복궁 습격이 실행되었다.

조선군은 경복궁 안팎에서 아침까지 만만찮게 저항했다. 격전 끝에 오전 7시경, 야마구치 케이조 소좌가 지휘하는 일본군 2대대 병력에 의해 고종의 신병이 확보되었다. 고종은 새장 속에 갇힌 새의 신세가 되었다.

일본 공사관과 일본군의 음모에 따라 대원군이 잠시 재집권하였으나 항일 연대(抗日連帶)를 꾀하다가 발각되어 다시 실각하였다. 일본군에 의한 조선 군정(軍政)이 시작된 것이다. 일본군은 효창원 일대(효창공원)를 숙영지로 삼아 기지를 두고, 만리 창에 임시사령부를 둔 뒤 허수아비 조선 조정에 압력을 넣어 김홍집의 친일 내각을 구성하도록 하였다. 조선은 일본군의 비호 아래 자의 반 타의 반으로 갑오개혁(甲午改革, 甲午更張이라고도 함)을[190] 단행하였다.

그리고 8월 26일에는 김홍집 내각이 서양의 내정 간섭 및 청나라의 무력 개입을 막고 조선은 일본에 협력한다는 조일 양국 맹약을 맺게 되었다. 이렇게 됨으로써 조선 내에서는 일본 공사와 일본군이 활개를 치고 조선의 국권을 침탈할 수 있게 되었다.

---

190) 조선정부가 군국기무처(軍國機務處)를 통해, 재래의 문물제도를 버리고 근대적인 서양의 법식(法式)을 본받아 새 국가체제를 확립하려 했던 정책. 1차로 1894년 7월 27일~1894년 12월 17일 사이 실시.
　＊ 관제개혁(官制改革): 왕실 사무와 국정 사무를 분리하여 궁내부(宮內府)와 의정부(議政府)를 두고, 의정부 아래에 내무·외무·탁지·법무·학무·공무·군무·농상무 등의 8아문(衙門)을 두었다.
　＊ 정치·사회개혁: 청국과의 조약 폐지, 개국기원의 사용, 문벌과 반상제도의 혁파, 문무존비의 차별 폐지, 공사노비법의 혁파, 역인(驛人) 피공(皮工) 등 천인의 면천, 죄인연좌법의 폐지, 양자 제도의 개선, 조혼 금지, 과부 재가 허용.
　＊ 경제개혁: 은본위제 화폐제도, 물납제 조세에서 금납제(金納制) 조세로, 전국적 도량형(度量衡) 통일, 은행 및 회사 설립 허용
갑오개혁 - 한국민족문화대백과사전

명성황후 시해 사건

이런 와중에 1895년 10월 8일 명성황후 시해 사건이 일어났다. 당일 새벽 일본 공사 미우라(三浦梧樓)의 배후 지휘 아래 일본 공사관원, 영사 경찰, 신문기자, 낭인배 등 일본 행동대가 조선의 정궁인 경복궁을 기습하여, 고종의 황후인 중전 민 씨(1897년 명성황후로 추존)를 참혹히 살해하였다. 그리고 시신은 근처의 숲속으로 옮겨 장작더미 위에 올려놓고 석유를 부어 불태워 버렸다.

당일 새벽 6시 사건이 일단락된 뒤에 미우라 일본 공사는 고종의 부름에 응한 형식으로 입궐하였다. 즉시 그는 고종을 핍박하여, 당일로 신내각을 조각하게 하는 등 사건의 은폐 공작에 들어갔다. 그리고 왕후가 궁궐을 탈출한 것처럼 꾸며, 고종이 왕후를 폐한다는 조칙을 내리게 하였다.

원래 1894년 일본군의 경복궁 점령 이래 전투력을 잃은 조선군 시위대가 궁궐을 지키고 있었지만 허수아비 군대였고 실권을 잃은 황제는 일본 세력의 지시에 따라 움직이는 궁인들과 7명의 친일파 대신들에게 둘러싸여 일거수일투족을 그들의 감시에 따라 움직이고 있는 상황이었다. 이런 상태에서 황후의 시해까지 당했으니 고종은 격동과 공포 속에서 식음조차 제대로 할 수 없었다.

이러한 상황에서 고종이 그래도 믿고 의지할 사람은 언더우드(Underwood)와 헐버트 같은 미국인 선교사들뿐이었다. 그래서 고종은 미국인들이 보내 준 식사만을 들었다. 음식은 언더우드 집에서 주로 만들었으며, 심지어 음식을 담은 상자에 자물쇠를 잠가 고종에게 전달됐다.

고종은 밤이면 시해의 공포를 견디지 못했다. 왕실 경호대가 힘 한번 쓰지 못하고 왕비가 시해되는 판국에 고종은 믿을 수 있는 외국인들을 자신의 침실 가까이에 두고 싶었다. 이는 그들이 외국인이었기 때문에 좋은 보호막이 될 수 있을 것이라고 믿었기 때문이었다. 그리하여 고종의 부탁으로 헐버트와 언더우드 등 미국 선교사들이 3인 1조로 돌아가면서 불침번을 섰다.

춘생문 사건

1895년 11월 27일 경복궁에서는 춘생문(春生門) 사건이 일어났다. 춘생문 사건은 고종에게 충성스러운 백성들이 혈서까지 쓰면서, 친일 반역의 무리로부터 임금을 보호한다는 명분으로 고종을 경복궁 처소에서 외국공관(러시아 공사관)으로 옮긴다는 계획에 따라 결행된 사건이다.[191]

그날 헐버트는 언더우드 선교사와 함께 경복궁에 가서 고종황제를 안전하게 모시다가 사건이 종료된 뒤 귀가했다. 그 경위는 다음과 같다.

언더우드가 11월 27일 오후 헐버트를 찾아왔다. 언더우드는 일단의 백성들이 고종을 구하고자 궁궐로 들어가기를 시도할 것이라면서 궁궐로 가야 한다고 했다. 백성들이 궁궐에 들어가는 과정에서 고종을 에워싸고 있는 친일파 대신들로부터 고종을 지켜야 한다는 것이다.

고종과도 가깝고 조선말을 잘하는 헐버트, 언더우드, 에비슨 3인은 어둠이 깔릴 무렵 궁궐로 갔다. 궁궐 안에서는 미국인 퇴역 장군 다이(William M. Dye)[192]가 왕실 경호를 맡고 있었다. 헐버트 일행은 비상시를 대비

---

191) 김동진, 『파란 눈의 한국혼 헐버트』 초판 2쇄, 참좋은친구, 2010, 199쪽
192) 윌리엄 매킨타이어 다이(William McEntyre Dye, 1831-1899)는 1888년에 북군 장군이었던 필립 셰리든의 권유로 군사고문직을 맡기 위해 조선에 왔다. 1888년 4월에 조선 정부가 사관을 기르기 위해 세운 연무공원에서 수석교관으로서 군사 교육을 실시했다. 연무공원에서의 교육은 여러 가지 이유로 순조롭게 진행되지 못하다가 1894년 7월 23일에 일본군이 경복궁을 점령한 뒤로는 무장 해제 당했다.

하여 다이 장군으로부터 리볼버 권총을 받아 품 안에 숨겼다. 그날 자정이 되자 궐 밖에서 백성들이 행동을 개시한다는 총성이 울렸다. 헐버트 일행은 고종의 처소로 달려갔다. 거기에는 고종과 왕자가 같이 있었다. 헐버트 일행은 일단 고종을 처소 왼편에 있는 고종의 방으로 안내했다. 처소 오른 편에는 대신들이 대기하는 방이 있었다. 만약 백성들이 고종을 구하려 달려오면 대신들은 처참하게 죽임을 당할 것이다.

초조함에 휩싸인 대신들은 고종에게 궁궐 내 다른 곳으로 피신해야 한다고 주장했다. 대신들은 고종을 볼모로 잡아 자신들과 같이 있게 함으로 백성들이 몰려왔을 때 자신들의 방패막이로 삼으려 하고 있었다. 선교사들은 고종을 대신들과 떨어져 있게 하면서 고종을 그의 방에서 안전하게 계시게 했다.

그날 밤 백성들의 궁궐 진입 시도는 성공하지 못했다. 이 계획에 협력하기로 약속했던 친위대 대대장 이진호(李軫鎬)가 배신하였기 때문이었다.[193]

아관파천(俄館播遷)

춘생문 사건은 아관파천의 전주곡이었다. 춘생문 사건은 고종을 러시아 공사관으로 파천(播遷)시키려는 시도였다. 이재순(李載純), 임최수(林最洙) 등은 계획을 세워 고종의 승인을 받고, 김홍집 내각에 불만을 가졌던 구 시위대 장교들을 거사에 동원하였던 것이다.

1894년 6월부터 경복궁 시위대를 지휘했다. 미군 퇴역 장교인 다이가 시위대 지휘관으로 발탁된 것은 당시 조선 정치에 깊이 개입한 일본군을 견제하려는 고종의 계책이었다. 을미사변 당시 경복궁에서 숙위하고 있던 다이는 일본군이 들어오자 연대장 현흥택과 함께 300~400명의 시위대를 비상소집 해 대항했으나 무기의 열세로 곧 무너졌다. 다이는 을미사변을 목격하고 증언을 남기며 세레딘 사바틴과 호러스 뉴턴 알렌, 각국 외교관들과 더불어 사건의 진상이 알려지는 데 기여했다. 1899년에 미국으로 돌아갔고 그해에 머스키건에서 사망했다.

193) 김동진, 앞의 책, 2010, 199쪽

춘생문 사건이 사전에 발각되어 실패하자, 이때 가담한 정치세력이 아관파천에 결집하였다. 을미사변 이후 러시아 공사관에 은신하였던 이범진(李範晉)은 이완용(李完用)·이윤용(李允用) 등과 함께 고종의 파천 계획을 모의하였다. 이범진 등은 을미사변 이후 내각이 일본 측과 함께 고종의 폐위를 꾀하고 있다고 하는 서한을 고종이 총애하였던 엄 상궁을 통해 고종에게 전달하였다.

을미사변 이래 신변 위협을 느끼고 있던 고종은 1896년 1월 9일 이범진을 통해 러시아의 지원을 비밀리에 요청하였다. 1895년 9월 주한 러시아 공사로 임명된 스페이에르는 부임 전 조선 문제에 대한 직접적 관여를 금지한다는 정부의 훈령을 받았다. 하지만 1896년 2월 2일 스페이에르는 러시아 외무대신에게 고종의 러시아 공사관 피신 의사를 전하고 신속한 답변을 요청하였다. 고종 피신에 대한 러시아의 확답을 받지 못한 상태에서 스페이에르는 고종의 거처를 자국 공사관으로 옮기는 사안을 자체 판단으로 결정하였다.

2월 11일 새벽 고종과 왕세자는 비밀리에 궁녀의 가마를 타고 위장하여 경복궁의 서문인 영추문(迎秋門)을 빠져나와 러시아 공사관으로 갔다.

아관파천 직후 고종은 친일 내각 인사들의 체포, 처형과 내각 교체를 명령하였다. 총리대신 김홍집과 농상공부대신 정병하(鄭秉夏)는 백성들에게 살해되었다. 내부대신 유길준(俞吉濬) 등 10여 명의 고관들은 일본 군영으로 도피한 뒤 일본으로 망명하였다. 아관파천 당일 공표된 내각에는 그동안 은신 중이었던 인물들이 대거 등용되었다.

의정부로 환원한 새로운 내각은 국내에 있던 일본인 고문관과 교관을 파면시키고 대신 러시아인 교관을 초청하였다. 요컨대 아관파천 결과 조선 내 러시아의 영향력이 강화되었다.

일본은 아관파천으로 인해 조선 내 입지가 실추되고 큰 타격을 받았다. 러일 양국 모두 무력 충돌을 원하지 않았으므로, 양국은 협상에 돌입하였다.

그림 47 서울 정동에서 가장 높은 곳에 있었던 러시아 공사관(아관파천의 사적)

베베르-고무라 각서: 아관파천 인정

그리하여 양국 사이에 1896년 5월 14일 전문 4개조의 서울 의정서를 체결하였는데 그것이 베베르-고무라 각서이다.

그 골자는 일본이 아관파천과 그 결과 조직된 새로운 정부를 인정하는 동시에, 조선 주둔 일본군 전체 병력을 제한하고 일본 군대 인원만큼 러시아 군대가 주둔할 수 있게 하는 등 일본에 불리하고 러시아에 유리한 내용이었다.

아관파천에 협조한 러시아와 미국 등을 비롯하여 모든 서양 열강은 치열한 '이권획득의 경쟁 외교'를 전개하면서 고종의 신변 보장을 약속하고 각종 이권들을 요구하였다. 한 나라 공사가 이권을 획득하면 다른 나라 공사·영사가 경쟁적으로 고종을 알현하여 최혜국(最惠國) 조관을 내세우며 이권을 요구하였다. 고종은 확고한 신변 보장을 약속받으면 국왕의 전제권(專制權)을 발휘하여 열강의 요구에 응해서 각종 이권들을 열강에 할양해 주었다.[194]

대한제국 탄생

1년 남짓 러시아 공사관에 머문 고종은 경복궁으로 돌아가지 않고 가까이에 있는 경운궁(후에 덕수궁)으로 환궁한 뒤, 1897년 10월에는 대군주에서 황제(皇帝)로 승격함과 동시에 국호도 '대한제국(大韓帝國)'으로 바꾸면서 대외적으로 자주독립을 재선언하였다. 그러나 그런 와중에도 열강의 이권 침탈은 수그러들지 않고 더 심해졌다.

한국인들은 1896년 2월 아관파천 후에 일본의 침략을 일단 견제하는 데는 성공했으나, 이제는 새로이 강화된 러시아의 침략 시도를 다시 방어해야 할 과제에 직면하게 되었다. 비단 러시아뿐만 아니라 열강의 고삐 풀린 이권 침탈을 긴급히 저지하고 자주독립을 강화해야 할 과제에 당면하게 된 것이다.

이에 조선왕조의 개혁파들은 아관파천 직후에 이 과제에 응하기 위하여 서재필(徐載弼)과 온건 개화파가 합작해서 1896년 4월 7일 『독립신문』을 창간하고, 뒤이어 1896년 7월 2일 독립협회를 창립하였다.

---

194) 신용하, "신편 한국사 41: 열강의 이권 침탈과 독립협회-개요", PDF

독립협회

　독립협회는 러시아의 침략 정책에 강력히 반대하였다. 독립협회는 1898년부터 본격적인 구국 정치 운동을 전개했으며, 3월 10일과 12일에는 독립협회 회원과 애국적 서울 시민들 수만 명이 종로에서 두 차례의 '만민공동회'를 개최하였다. 이 만민공동회에서는 러시아의 '절영도(絶影島) 조차 요구'를 격렬하게 규탄했을 뿐 아니라, 러시아의 군사교관·재정고문·한러은행의 철수를 요구하는 결의안을 통과시켰으며, 일본의 석탄고 기지의 회수를 결의하였다.

　만민공동회의 규모가 크고 매우 강경하여 정부와 외교계에 큰 충격을 주자 정부도 절영도 조차를 거부하였으며, 마침내 러시아는 우여곡절 끝에 삼국간섭의 결과로 중국으로부터 조차해 낸 또 하나의 다른 해군기지 후보인 요동 반도로 1898년 3월 하순 철수하였다.

　독립협회가 개최한 만민공동회 운동은 결국 국제 열강의 세력균형을 획득하는 결과를 낳은 것이었다.

　한반도가 완전한 열강의 힘의 진공 상태가 되자, 러시아와 일본은 상호 견제를 위하여 1898년 4월 주한 러시아공사 '로젠'과 일본 외무대신 '니시'는 양국 간 세력 균형을 인정하는 '로젠·니시 협정'을 체결하였다. 양국은 대한제국의 주권과 완전한 독립을 확인하고 내정에 간섭하지 않기로 함과 동시에, 대한제국이 군사교관이나 재정 고문의 초빙을 요청하는 경우에도 양국의 사전동의 없이는 응낙할 수 없도록 협약하였다. 이 협정에 의하여 한반도를 둘러싼 완전한 세력균형이 형성되어 국제적으로 확인되었고, 이 세력균형이 러일전쟁이 일어난 1904년 1월까지 만 6년간 지속되었다.

러일전쟁

한반도 내에서의 러-일 간 세력균형은 6년간이나 지속되었지만 만주 지역에서는 1900년부터 러일 간 충돌이 다시 시작되었다.

1900년 청나라에서 일어난 의화단 사건 진압을 위해 제국주의 열강과 공동 출병한 러시아군은 만주를 점령하여, 조선을 완충지대로 한 채 일본과 대항하려 했다.

일본은 아관파천 이후 조선의 지배권을 일부 러시아에 양보하는 모습을 보였으나 경제적으로는 여전히 한국을 독점적으로 지배하고 있었다. 경제적 지배권을 확고히 하기 위해서는 군사적 보호력의 우위가 절대 필요하다. 따라서 남진하는 러시아와 필요하면 1전이라도 치를 수 있는 군비를 계속 확장해 오고 있었다.

일본은 러시아가 만주를 독식하려 하자 1902년 영일동맹을 맺어 러시아에 대항하였고, 러시아도 일본의 이런 귀추를 보고 일단 한발 물러서는 모습을 보여 1902년 10월 러시아군의 1차 만주 철병을 단행하였다. 그러나 이후 러시아는 적극적인 대만주 정책으로 선회하여 1903년 4월로 예정된 2차 철병을 철회하고 오히려 만주에 군대를 증파했다.

러시아는 또한 한반도에서의 지배권도 확보하려고 시도하였다. 즉 뤼순(旅順)항을 요새화하면서 극동총독부의 신설을 발표하였다. 또 압록강 유역으로 군대를 이동시킨 뒤 용암포(龍巖浦)를 군사 기지화하면서 이의 조차를 요구하였다.

이러한 러시아의 남진 시도는 일본과는 정면으로 이해 충돌을 일으켰다. 러·일 양국은 만주와 한국 문제에 관하여 여러 차례의 외교 교섭을 전개하였다.

일본은 한국을 자국의 보호령으로 하는 대신, 만주에서 러시아의 우월권은 인정하되, 이때도 러·일 간 기회 균등 원칙이 지켜져야 한다고 주장하였다.

이에 맞서 러시아는 만주에서는 러시아 독점권이 주어지고 한국에서도 일본의 독점 지배는 불가하다(한국의 39° 이북을 중립지대로 해야 한다)고 주장하였다.

다시 일본은 이에 맞서 만한교환론(滿韓交換論)을 주장하고 한·만 국경에만 중립지대를 설치하자는 수정안(1차)을 제시했다.

이후 1903년 12월과 1904년 1월에 걸쳐 2차 수정안이 오갔지만 양자 다 같이 기존 주장을 되풀이하였다. 일본은 더 이상 협상 가능성이 없다고 판단하고 전쟁을 결의했다.[195]

일본은 1904년 2월 4일 대(對)러시아 개전 및 국교단절을 결정하고, 2월 8일에는 육군 선발대가 한국의 인천에 상륙하여 서울로 향하는 한편 중국 뤼순의 러시아 함대를 공격하였다. 그리고 2월 9일에는 인천 앞바다에서 일본과 러시아 함대가 격돌하였으며, 10일 러시아와 일본은 각각 선전 포고를 하고 전쟁을 시작했다.

1904년 2월 8일 저녁, 일본은 뤼순항을 기습해, 항구에 있던 러시아 전함을 격침했다. 또 요양, 사하, 봉천 등 만주 벌판에서도 치열한 전투가 벌어진 가운데 일본은 곳곳에서 승전하는 반면 러시아는 곳곳에서 패전하였다. 그러나 일본의 당초 예상과 달리 전쟁이 길어지고 막대한 전쟁 비용 등으로 전력의 부족을 절감하게 되었다. 러시아 역시 자국의 혁명운동 발발로 민심 수습이 필요했다.

---

195) 러일전쟁 – 한국민족문화대백과사전

결국 러시아는 미국의 시어도어 루스벨트 대통령의 중재하에 1905년 9월 5일, 일본과 포츠머스 강화조약을 체결하고 휴전하게 된다. 이 조약을 계기로 일본은 한반도에서의 우월한 지위를 획득하게 되었다.

러일전쟁이 일본의 승리로 끝남으로 조선에서의 일본 지배권에 제동을 걸 두 대국 즉 청나라와 러시아 세력이 조선 반도에서 완전히 손을 떼게 된 것이다.

일제의 조선 외교권 박탈 책동

러일전쟁에서 승리한 일본은 노골적으로 을사늑약을 추진하였다. 조선은 또다시 고립무원이 되었다. 이 상황에서 조선은 과연 누구의 도움을 받을 수 있을 것인가?

조선 사람으로서도 일본에게 빼앗긴 국권을 회복시키기 위하여 투쟁에 나선다는 것은 쉬운 일이 아니다. 그런데 외국인으로서 조선에 귀화한 것도 아닌 임시 체류자로서 조선을 위해 조선인 못지않게 헌신 애국을 실천한 사람은 아마도 헐버트밖에 없을 것이다.

그는 일본의 무도한 조선 침탈 행위를 보며 그 부당한 야욕을 저지하기 위해 노력했다. 특히 1905년 을사늑약을 전후해서는 필봉(筆鋒)을 통하여 일제와 맞섰으며 이어서 밀사(密使) 외교를 펼쳤고 한일 강제 병합 이후 일제에 의하여 미국으로 추방된 이후에도 그는 집회, 강연, 언론을 통해 줄기차게 조선의 독립을 호소하였다.

그는 많은 기회를 만들어 조선(Korea)을 대변하고 소개했다. 한 사람의 힘으로는 미약했지만, 열정과 성의를 다해 미국의 청중을 감동시켰다. 강연 때마다 그는 눈물을 흘리며 조선과 조선인의 억울함을 호소하였다. 일생을 두고 그는 조선의 독립을 위해 헌신하였다. 자기 나라도 아닌 친구 나라를 위해 오히려 자기 나라인 미국의 의리 없음을 규탄하였다.

근거 없는 규탄이 아니다. 조선의 개방을 위하여 많은 희생을 치르며 노력했던 것은 일본이 아니라 미국이었다. 조선과 미국의 관계의 발단은 1866년의 제너럴셔먼호 사건이었으며, 미국은 이 사건의 해결을 요구하며 1871년 신미양요(辛未洋擾)를 일으켰다. 제너럴셔먼호 사건과 신미양요의 수습 차원에서 조·미 두 나라 사이에서 맺어진 조약이 일명 제물포 조약이라고도 불리는 1882년의 조미수호통상조약이었다.

헐버트는 미국이 조선과 조미수호통상조약을 맺었으니 그 뒤로 일본과 같은 무도한 나라가 무도한 방법으로 조선에 대한 국권 침탈을 획책한다면 당연히 미국이 나서서 이를 막아야 하는 것이 국가 간의 의리이며 국제법상의 약속이 아니겠는가? 생각하였다.

이러한 사정을 뻔히 알면서 자국의 이익과 자국 국내 사정을 핑계 삼아 가쓰라-태프트 조약과 같은 비밀 약속을 통하여 조선의 국권을 일본에게 넘긴 미국의 의리 없음을 헐버트는 계속 비판하였다.

헐버트의 이러한 정신은 어디에서 나오는 것인가? 피는 물보다 진하다고 하지만 길거리에서 강도 만난 자를 같은 혈족인 제사장도 바리새인도 다 버리고 가는 것을 혈족도 아닌 사마리아 사람이 구하고 돌보아 주었듯이 다만 기독교적인 사랑으로 국권을 빼앗긴 조선의 왕과 백성을 힘닿는 데까지 도와주고자 했던 것이 아니었나 한다.

신임장도 없는 황제의 대미 특사

전생으로부터의 인연이랄까 마음속으로부터 조선을 깊이 사랑하고 있는 헐버트로서는 지금 조선과 고종황제가 당한 현실이 안타깝기 짝이 없었다. 러일전쟁까지 일본의 승리로 끝난 상황에서 조선은 과연 누구의 도움을 받을 수 있을 것인가? 영국? 미국?

혹시 영국이 도움이 될까를 생각해 볼 수 있지만 영국은 1905년 8월 일본의 한국 지배를 영국이 양해한다는 제2차 영일동맹을 일본과 맺은 상태에 있었다. 그렇다면 일루의 남은 희망은 미국뿐이다. 그런 와중에 헐버트와 시종무관장 민영환(閔泳煥)은 조미통상조약에서 선위조처(善爲調處)의 조항을 떠올렸다. 조약 1관에는 분명하게 만약 제3국이 조약 일방에게 부당하게 또는 강압적으로 간섭할 때에는 조약 상대국은 "서로 알린 후에 원만한 타결을 가져오도록 주선한다"(一經照知 必須相助 從中善爲調處)라고 되어 있다.

민영환과 헐버트는 이것으로 미국에게 압박(?), 호소를 할 수 있겠구나 생각하고 미국 대통령에게 고종황제의 친서를 보내 일제의 한국 침략 야욕을 저지해 달라고 호소하기로 하였다. 이에 민영환이 고종황제에게 친서 전달과 특사 파견을 건의하였다. 고종황제는 이 건의를 즉각 수락하였다.

고종은 헐버트를 특사로 선정하여 미국으로 보냈다. 그때 미국의 대통령은 제26대 시어도어 루스벨트(Theodore Roosebelt, 1901-1909 재임) 대통령으로 1933년부터 1945년까지 재임한 제32대 프랭클린 루스벨트(Frankline D. Roosebelt)와는 다른 인물이다.

그런데 헐버트가 고종황제의 특사로 선정되어 미국으로 떠날 당시 또 하나의 문제가 되는 것은 고종의 친서는 휴대하였지만 고종의 신임장(信任狀 Credentials)은 가지고 갈 수 없었다는 것이다. 일제의 고종황제에 대한 감시가 심해 고종황제로부터 신임장을 받을 수가 없었다.

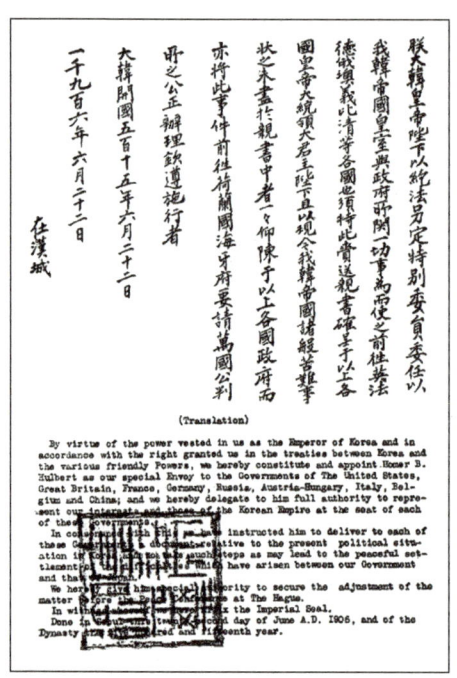

그림 48 헐버트에게 내린 고종황제의 특사증 - 헐버트박사기념사업회

영국에 이어 미국도 한국을 버렸다

헐버트가 워싱턴을 향하여 떠날 당시 주한 미국 공사와 일본과는 이미 내통 관계에 있었다. 그런 줄도 모르고 헐버트는 미국 공사에게 자기가 비밀리에 고종의 특사로 미국에 간다는 사실을 알려 주고 협조를 해 달라고 요청하였다. 일제와 내통하고 있던 미국 공사는 이 사실을 일본에게 알려 주었고 일본은 헐버트가 미국에 도착하기 전에 모든 일을 해치워야 한다는 강박관념에 사로잡히게 되었다.

헐버트가 샌프란시스코를 거쳐 워싱턴에 도착하는 동안 일본은 하세가와(長谷川好道) 사령관을 내세워 내각을 총칼로 위협하여 을사늑약(乙巳勒約)을 체결하여 버렸다.

워싱턴에 도착한 헐버트는 미국 외교행낭(pouch) 편으로 보낸 고종황제의 친서를 백악관에 전달하려 하였다. 백악관은 친서를 받을 수 없다고 거절하였다. 헐버트는 백악관에서 접수를 거절하였기 때문에 대신 국무장관에게라도 전달하려고 하였으나 그마저 거절당했다.

미국 행정부는 보호조약이 체결되었다는 일본의 공표를 수용하여 즉시 서울의 공사관을 철수했다. 그리고 대한제국과 관련된 모든 외교 행위는 일본에 있는 미국 공사관을 거치도록 조치하였다.

그럼에도 헐버트는 포기할 수 없었다. 이미 모든 상황이 끝났음에도 1905년 11월 25일 헐버트는 국무장관 루트(Elihu Root, 1845-1937)를 만나 고종황제의 친서를 전달했지만 국무장관은 묵묵부답으로 일관했으며 이에 헐버트는 실망을 안고 국무부의 문을 박차고 나왔다.

"나는 이 조약에 서명하지 않았다"

우리가 학창 시절에 배웠던 대로 고종은 무능한 지도자가 아니었다. 을사늑약이 기정사실화된 이후에도 이의 부당성을 세계열강에 알려 주권 회복을 이룩하고자 최선을 다한 끈질긴 인물이었다.

1905년 12월 11일 고종황제는 헐버트에게 전보를 쳤다. 내용은 "나는 보호조약을 인정하지 못한다. 조약은 총칼의 위협 아래 강압적으로 이루어졌다. 나는 이 조약에 서명한 일이 없으며 윤허하지도 않았다"라는 것이었다. 그리고 헐버트에게 이 내용을 미국과 협의하여 조약의 무효화를 이끌어 낼 수 있도록 힘써 달라고 당부하였다.

헐버트는 이 전보를 받고 미 국무부에 가지고 가서 국무부 차관 베이컨(Robert Bacon)을 만났다. 그는 "모든 상황은 이미 끝났소. 단지 파일만 해

놓겠소"라고 잘라 말하면서 더 이상의 대화를 거부했다.

헐버트는 이 전보문을 들고 여러 명의 미 상원의원들을 만나 한국 문제를 호소하였으나 긍정적인 반응을 얻어 내지는 못했고 미국의 중요한 언론인들을 찾아다니며 보도와 논평을 통하여 미국 사회에 여론을 환기하려 하였으나 실패하였다.

이 전보문이 일본의 조선 침탈을 저지시키는 데에 유효적으로 기여하지는 못했지만 이 전문이 아니었더라면 후세에라도 을사늑약이 '고종의 동의가 없이 총칼의 위협 아래 강압적으로 이루어진바 근본적으로(국제법적으로) 무효'라는 점을 만천하에 증명해 보일 길이 없었을 것이다.

미 국무부 차관 베이컨이 파일만 해 놓겠다고 말한 이 전문은 실제로 미 국무성 서류로 지금껏 보관되어 을사늑약이 고종의 동의 없이 불법적으로 체결된 것임을 확인해 주고 있다.

조선 민중의 선한 친구 헐버트

헐버트는 주권을 잃은 군주의 선한 친구가 되어 주었을 뿐만 아니라 조선의 민중들을 위해서도 선한 사마리아인이 되어 주었다.

1904년 2월 발발한 러일전쟁에 승리한 후 많은 일본군들이 조선에 진주하였다. 조선에 진주한 일본군은 한국 백성을 상대로 야비한 경제 침탈 행위를 자행하였다. 즉 군사 목적을 핑계로 한국 백성의 땅을 몰수하여 묵혀 두었다가 때마침 밀려 들어오는 일본인 사업가들에게 그 땅을 이용하게 하는 것이다.

이런 일들로 말미암아 일본인과 부딪칠 때마다 한국인들은 피해를 보았다. 주권을 잃은 한국 백성은 일본인에게 금전적 손해를 당하여도 어디에 가서 호소할 곳도 없었다. 일본인으로부터 금전적 손해를 본 한국인이 통감부에 가서 호소를 하려 해도 한국인은 통감부로부터 보호받을 권리가 없는 백성이기 때문에 원천적으로 문간에서 저지되었다.

당시 조선에는 조선 백성들의 억울함을 풀어 줄 수 있는 법적 시스템이 존재하지 않았다. 나라가 주권을 잃으니 임금도 노상강도를 당한 자같이 되어 있으며 그 백성 또한 인권이고 민권이고 없이 개돼지 취급을 당하게 된 것이다.

한국인의 선한 친구 헐버트는 치외법권자이고 그것도 힘 있는 미국의 시민이라는 이점을 가지고 있었기에 딱한 처지에 놓인 그들에게 도움을 주기 위해 백방으로 노력하였다.

한국인의 땅을 1원에 사서 다시 그 원주인에게 무상 임대하다

통감부 설치 이후 일본 당국과 일본인들에게 한국인들이 부당하게 재산과 땅을 빼앗기는 사례가 부지기수로 나타났다. 시골에서 상경한 한 상인은 일본 엔화로 환전하고자 일본인 중개인에게 영수증을 받고 조선 돈을 맡겼다. 며칠 후 엔화를 주어야 할 시점에 일본인은 돈을 이미 주었다고 억지를 쓰며 돈을 주지 않았다. 상인이 일본 당국을 찾아가 해결을 요구했지만 아무 소용이 없었다. 상인은 헐버트를 찾아와 억울함을 호소했다. 헐버트는 직접 통감부로 달려가 영수증을 내밀고 해결을 요구하였다. 이렇게 해서 조선 상인은 돈을 찾을 수 있게 되었다.

어떤 일본인은 한국 사람에게 부동산을 임차하여 한 달 치 임차료만 낸 뒤 일단 입주하여 한 달이 지나도 나머지 임차료를 내지 않으며 집도 비울 수 없다고 버텼다. 그 한국인이 헐버트에게 도와 달라고 호소하자 헐버트는 그 임차인에게 통감에게 제소하겠다고 으름장을 놓아 문제를 해결해 주었다.

헐버트는 재산을 빼앗기는 한국인들을 도와 그들의 재산을 지켜 주기 위해 갖은 노력을 다했다. 그 방법 중의 하나로 한국인들의 부동산 명의를 헐버트 이름으로 바꿔 놓는 것이 있다. 헐버트가 그 부동산을 제값에 사는 것이 아니라 일단 1푼(a penny)만 받고 차후 똑같은 가격으로 되팔겠다는 확약서를 써 주고 명의를 이전받았다. 그리고 그 땅의 원주인과 임대차계약을 맺어 그 원주민은 임차료를 내지 않고 그 부동산을 이용하도록 하는 것이다.

이렇게 해서 계약한 계약서의 숫자는 정확히 세지는 않았지만 한 가마니에 가득 찼다고 한다.

그림 49 조선인의 권리와 자유를 위해 노력한 헐버트(왼쪽 끝)

5장
헐버트의 조선 독립운동

고종황제는 1905년 을사늑약 직후부터 세계만방에 을사늑약이 무효임을 알리고 잃어버린 주권을 회복할 길이 없을까 고민하면서 탐색했다.

그런 고종황제에게 러시아 황제 니콜라스 2세(Nicholas II)가 극비리에 한 통의 초청장을 보냈다. 1907년 6월 네덜란드의 헤이그(Hague)에서 열리기로 되어 있는 만국평화회의(제2차) 초청장이었고 니콜라스 2세는 그 회의의 주창자였다. 고종황제는 일제의 폭력적 침략을 고발하고 을사늑약의 무효를 주장하기 위해 특사를 파견하기로 하였다.

우리가 교과서에서 배워서 잘 알다시피 여기에 파견된 특사 세 사람은 정사(正使)에 전 의정부 참찬 이상설(李相卨), 전 평리원 검사 이준(李儁)과 전 러시아 공사관 참서관 이위종(李瑋鍾)이었다.

헐버트가 고종황제의 헤이그 특사외교의 중심축이었다는 사실을 아는 사람은 별로 없으나[196] 학자들의 연구 결과를 비추어 볼 때[197] 헐버트는 만국평화회의 특사 파견의 첫 단계부터 마지막 단계까지 행로를 같이 하면서 시종 중요한 역할을 했다.

---

196) 김동진, 『파란눈의 한국혼 헐버트』 초판 2쇄, 참좋은친구, 2010, 280쪽
197) 김원모, "개화기의 한미 문화 교류", 『인하19』, 인하대학교, 1983, 211쪽

헐버트를 헤이그 특사 예비 특사로 임명

고종황제는 일본의 침략주의를 부각하기 위해서는 무엇보다도 세계열강이 대한제국에게 호의적이어야 한다고 생각했다. 그리하여 고종황제는 대한제국과 조약을 맺고 있던 9개국 국가원수에게 특사를 파견하여 자신의 친서를 전달하기로 하였다. 고종황제는 헐버트를 조약 상대국 국가원수를 방문하는 특사로 임명하였다. 그 9개국은 미국, 영국, 프랑스, 독일, 러시아, 오스트리아, 이탈리아, 벨기에, 중국이다.

고종은 일본에게 일거수일투족을 감시당하는 상황에서 헐버트를 특사로 보내 조약 상대국 국가원수를 방문하여 그들에게 자신의 친서를 전달하고 대한제국이 처한 현실을 설명하도록 한 것이다. 9개국 정상에게 보내도록 되어 있는 황제 친서의 핵심 내용은 다음과 같았다.

"대한제국은 1905년 11월 18일 일본의 불의로 맺어진 을사늑약이 사기임을 선언합니다.
(1) 대한제국 정부 대신의 서명이 위협과 강압으로 이루어졌습니다.
(2) 대한제국 황제는 내각에 조약문서에 서명할 권한을 준 적이 없습니다.
(3) 조약이 서명된 내각회의는 불법입니다. 왜냐하면 대한제국 황제나 총리대신이 소집한 것이 아니고 일본이 소집하였습니다. 상황이 그러한즉 을사늑약은 국제법적으로 무효이며…"

고종이 헐버트에게 9개국 국가원수를 방문하여 친서를 전달하도록 부여한 임무에는 그가 그 임무를 마친 다음에는 헤이그로 가서 이상설, 이준, 이위종 등의 만국평화회의 활동을 도우라는 임무도 포함되어 있었다.

그런데 아이러니한 일은 고종황제와 헐버트의 동태를 시종일관 감시하고 있던 일본은 헐버트가 9개국 정상 방문 임무를 마치고 혼자만 헤이그로 가서 만국평화회의 참석 활동을 벌일 것이라고 오판하였다는 것이다. 그래서 헐버트가 일찍부터 움직이기 시작할 때 그만 감시하느라고 정작 헤이그에 한국인 밀사들이 들어가는 것을 제대로 감시하지 못했던 것이다.

헐버트는 밀사들의 움직임과 자신의 움직임을 유기적으로 연결하여 자기만 러시아를 거쳐 유럽으로 가는 것으로 일본이 오해하도록 만들었고 그러한 틈새를 이용하여 헤이그 밀사 3인은 무사히 헤이그에 도착할 수 있었다.[198]

어쨌든 헐버트는 서울을 떠나 부산을 거쳐 일본 고베로 갔고 거기서 츠루가(敦賀)항을 거쳐 블라디보스토크로 갔다. 거기서 그는 시베리아 횡단 열차를 타고 러시아 황제가 있는 상트페테르부르크에 도착하였다. 헐버트는 상트페테르부르크에서 러시아 황제에게 고종황제 친서를 전달하고자 이즈볼스키(Iswolsky) 러시아 외무 장관에게 면담을 요청하였으나 거절당했다.[199]

현지의 분위기로 판단하건대 헐버트가 9개국 정상을 순조롭게 면담한다는 것은 오직 고종과 헐버트의 희망 사항일 뿐이었다. 러시아를 포함한 강대국이 이미 조선의 지배권이 일본으로 넘어갔다는 사실을 기정사실화하고 있었기 때문이다.

그는 러시아를 떠나 베를린으로 가서 독일 수상의 면담을 시도하는 대신 『만국평화회의보』 편집장으로 일하고 있는 영국인 언론인 스테드(William T. Stead)를 만나 한국의 입장을 설명하면서 협력을 요청했다. 이어서 헐버트는 스위

---

198) 김동진, 앞의 책, 2010, 267-271쪽
199) 위의 책, 273쪽

스로 가 그곳에서 요양하고 있는 언더우드(Underwood)를 만나 조언도 얻었다.

헐버트는 언더우드를 잠시 만나고 파리로 가서 그곳 언론과 회견을 가졌다. 그는 회견에서 "서구의 열강들이 현재의 한국 문제에 무관심하게 대처한다면 언젠가 후회할 것이다"라고 역설하였다.[200]

이어서 그는 런던으로 가서 언더우드의 대리로 '복음동맹(Evangelical Alliance)' 회의에 참석하여 자신의 연설을 할 기회를 얻었다. 두 번에 걸친 '복음동맹' 연설에서 한국에 기독교가 크게 번창하고 있음을 보고함과 아울러 한국의 어두운 현실을 전하면서 일본의 부당성을 폭로하였다. 영일동맹의 영향인지 영국인 청중의 한국에 대한 인식은 처음에는 냉담했으나 헐버트의 열렬한 호소로 말미암아 점차 긍정적인 반응을 나타냈다. 헐버트는 런던에서 복음동맹 회의에 참석한 후 헤이그로 갔다.

헤이그에서의 세 특사

그림 50 3인의 헤이그 특사 이준, 이상설, 이위종

한편, 헐버트보다 먼저 헤이그에 도착한 이상설, 이준, 이위종 세 특사는 헤이그 시내의 융(Jong) 호텔에 숙소를 정해 태극기를 게양하고 활동을 시작하였다. 특사 일행은 먼저 평화 회의에 공식적으로 한국 대표의 자격으로 참석하기 위해 노력하였다. 만국 평화 회의 의장인 러시아 대표 넬리도프(Nelidof) 백작과 네덜란드 외무 장관 후온데스를 방문해 도움을 청했다.

---

200) 위의 책, 274쪽

넬리도프는 초청국인 네덜란드에 권한이 있다고 하면서 한발 빠지고 네덜란드 외무 장관은 각국 정부가 이미 을사늑약을 승인한 이상 한국 정부의 자주적인 외교권을 인정할 수 없다고 하면서 회의 참석과 발언권을 거부하였다.[201]

특사 일행은 미국, 프랑스, 중국, 독일 등 각국 대표들에게도 협조를 구했지만 모두 실패하고 말았다. 하는 수 없이 비공식 경로를 통해 일제의 침략상과 한국의 입장을 담은 공고사(控告詞)를 의장과 각국 대표들에게 보냈다.

그런 다음 헐버트를 통해 『만국평화회의보』 편집장인 스테드(Stead)와 교섭하여 그 공고사를 『만국평화회의보』에 실었다. 스테드는 이 공고사와 함께 한국 특사들의 주장을 적극 옹호하는 글도 실었다. 이위종(李瑋鍾)은 평화클럽에서 공고사의 내용을 프랑스어로 번역한 "대한제국의 호소 A Plea for Korea"라는 제목의 연설을 하였다.

특사들보다 조금 뒤에 헤이그에 도착한 헐버트는 특사 일행을 만나 그들을 위로하고 한국의 참담한 현실을 개탄하며 함께 울분을 토했다. 그리고 이위종이 평화클럽에서 연설한 다음 날 헐버트도 연설을 하였다. 연설의 내용은 이위종이 하루 전 연설한 내용을 크게 뒷받침하는 내용이었다.

그러나 끝내 만국평화회의 본회의 참석이 거부되자 우분울읍(憂憤鬱悒)하던 끝에 이준이 7월 14일 순국하게 되었다. 특사 일행과 헐버트는 만국평화회의가 끝난 뒤에도 구미 각국을 순방하면서 국권 회복을 위한 외교 활동을 펼쳤다.

만국평화회의란 원래 제국주의적 세계 질서 속에서 열강 간의 평화 유지를 목적으로 개최된 것이었다. 이 모임은 그 성격상 일제에게 외교권마

---

201) 헤이그 특사 사건 - 한국민족문화대백과사전

저 박탈당한 대한제국의 간절한 소망을 들어주는 것과는 거리가 있는 것이었다.

고종의 특사 파견은 가시적인 성과가 없이 끝났지만 결과적으로 한국이 주권 회복을 위해 분투하고 있으며 일제의 을사조약이 무효임을 만천하에 공표하였다는 면에서 그 의의가 있다.

일본통감 이토히로부미(伊藤博文)는 헤이그 특사 파견의 책임을 물어 고종황제를 퇴위시키고 순종황제를 그 자리에 앉혔다. 이준은 순국했고, 이상설, 이위종은 귀국할 수가 없어 국외에서 활동하다 서거했다. 헐버트는 특사증을 발급한 고종황제가 퇴위되어 더 이상 특사 자격을 유지할 수 없었다. 헐버트는 미국으로 돌아갔다.

미국으로의 역(逆) 망명자가 되어

을사늑약, 고종의 퇴위, 한일 강제 병합으로 지구상의 거의 모든 사람들의 눈에는 한국이라는 나라와 민족이 지구상에서 소멸된 것으로 보였을지 모르나 헐버트가 한국을 보는 눈은 달랐다. 장구한 역사를 지닌 찬란한 문화민족으로서 한국과 한국인의 잠재력과 생존 능력을 처음부터 끝까지 그만은 굳게 믿었다. 그래서 그는 한일 강제 병합으로 미국으로 추방된 이후에도 집회, 강연, 언론을 통해 줄기차게 한국의 독립을 위해 투쟁하였다.

1907년 7월 19일 미국에 도착하자마자 『뉴욕타임즈』, 『뉴욕헤럴드』 등 국제적 신문들과 잇따라 회견을 가지면서 일본이 한국에서 자행하고 있는 만행을 고발하였다.[202]

---

202) 김동진, 앞의 책, 295쪽

헐버트는 언론사 접촉에 이어 곧바로 워싱턴으로 갔다. 워싱턴에 간 것은 루스벨트 대통령에게 고종황제의 친서를 전달하고 한국의 독립을 호소하기 위한 것이었다. 고종황제가 퇴위되어 친서의 효력이 없어졌으나 헐버트는 그래도 한국이 처한 어려움을 미국 대통령에게 전달하고 싶었다. 그러나 루스벨트 대통령의 예의 강경한 입장으로 뜻을 이루지 못했다.

이후 헐버트는 미국의 서부 지역을 돌면서 한국의 입장을 호소했다. 강연을 통해서 일제가 한국의 주권을 무참하게 빼앗고 백성들의 재산을 불법으로 강탈하고 있으며, 일본인들의 야만적인 횡포로 조선인들은 말할 수 없이 시달리고 있다고 폭로하였다. 그러면서 미국은 이를 바로잡는 노력을 해야 할 의무가 있다고 호소하였다. 헐버트는 또 미국에 거주하고 있는 한국 교민들을 위해 강연할 때 한국은 틀림없이 나라를 되찾을 것이므로 절대 독립을 포기하지 말라고 격려하였다.

1907년 11월에는 샌프란시스코 한인청년회에서도 강연하였다. 1910년 일제가 한국을 강제로 병합하자 낙심에 빠지기는커녕 그는 언론과의 인터뷰에서 "정의는 반드시 승리할 것이다. 그리고 한국은 틀림없이 나라를 되찾을 것이다"라는 희망적인 메시지를 던졌다.

강연 때마다 눈물을 흘리며 한국의 억울함을 호소

헐버트는 한일 강제 병합 1년 전에 잠시 한국을 방문했다가 다시 돌아가서 미국에서의 독립운동을 계속하였다. 1909년 말 서울에 다녀온 직후 형이 목사로 있는 미국 포틀랜드의 한 교회에서 한국에 대해 강연하였다.

헐버트는 1910년에도 계속하여 한국 문제를 주제로 강연을 이어 갔으며 초기에는 보스턴 등 미국 동부 지역에서 주로 활동하였다. 이어서 시카고를 포함한 중서부 지역에서도 강연을 했다.

그는 미국에서 한국에 대한 강연을 할 때 세계에 유례가 없는 한국의 배다리, 금속활자 등을 모형과 그림으로 보여 주며 한국의 유구한 역사와 찬란한 문화를 소개하였다.

헐버트는 1910년 1월 초 워싱턴에 들렀을 때 일본이 곧 한국을 병합할 것이라는 소문을 들었다. 이와 관련하여 헐버트는 즉각 논평을 발표하였다. 일본의 한국 강제 병합에 대한 헐버트의 태도는 간결하고도 분명하였다. '일본의 한국 병합은 포츠머스 조약에도 위배되고 한국인들의 의사에도 반하는 불법적인 일'이라고 보는 것이다.

서울에서 발행되는 『대한매일신보』는 1910년 1월 7일 자 기사에서 헐버트의 이 논평을 보도하였다.[203]

헐버트는 가는 곳마다, 한국을 병합하려는 일본의 음모를 저지시키는 것은 조미수호통상조약에 따른 미국의 의무라고 주장하며 미국이 전면에 나설 것을 촉구하였다.

서재필, 이승만의 활동을 지원

1919년 3.1 만세운동 직후 미국에서는 서재필의 주도로 필라델피아에서 한국 친우 동맹(The League of The Friends of Korea)이 결성되었고, 워싱턴에서는 이승만이 이끄는 구미위원부(The Korean Commission to America & Europe)가 설립되었다.

이 단체들은 강연, 집회 등을 통해 한국의 현실을 미국인들에게 알리고, 자유를 위해 싸우는 한민족을 격려하며, 일본에게는 한국에서 자행되고

---

203) 이광린, "헐버트의 한국관", 『한국근현대사연구』 9집, 한울출판사, 1998, 14쪽

있는 만행을 중지할 것을 요구하였다.[204] 이러한 활동은 필라델피아와 워싱턴을 비롯한 뉴욕주, 오하이오주, 미주리주, 시카고, 샌프란시스코 등 미국 전역에서 전개되었다.

헐버트는 이 두 단체에서 중심적인 연사로 참여하였다. 연설 횟수는 수천 번이 넘으며 청중 수는 1919년만 해도 연인원 10만 명이 넘었다.[205]

헐버트는 또 서재필 등이 주최한 1920년과 1921년의 3.1 운동 기념행사에 연사로 출연하여 일본의 침략주의를 규탄하고 한국인들의 활동을 성원하였다.

헐버트는 이승만과 함께 '한국 친우 동맹' 활동의 일환으로 개최된 보스턴대학(Boston University)에서의 강연회에 출연하였다. 헐버트는 여기서 "미국의 진실한 번영은 모든 국가의 번영과 연계되어 있다"라는 의미 있는 연설을 하였다.

미국 의회에 석명서를 제출

헐버트는 1919년 8월 "한국을 어찌할 것입니까? What about Korea?"라는 제목의 석명서(釋明書 = 밝힘글 Statements)를 미국 상원 외교 관계 위원회에 제출하였다. 이 석명서에서는 "3.1 운동에서 한국 국민들은 평화적으로 독립을 요구하였으나 수천 명의 한국인이 일본 군국주의에 의해 고문당하고 살해되었으며, 부녀자들은 성적 만행(obscene brutality)을 당하기도 했습니다"라며 일본의 폭력성과 야만성을 폭로했다.[206]

헐버트는 이 석명서에 을사늑약이 무효라고 주장한 고종황제의 전문(電

---

204) 김동진, 앞의 책, 314쪽
205) 고정휴, 『이승만과 한국 독립운동』, 연세대학교 출판부, 2004, 253쪽
206) 김동진, 앞의 책, 316쪽

文)을 담았고, 1907년 헤이그 만국 평화 회의 특사증, 영국 국왕에게 보내는 고종황제 친서 사본 등을 첨부하였다.

3.1 운동에 대한 일제 폭압 고발 — 미 언론과 의회의 의미 있는 반응을 얻어 내다

한편, 『뉴욕타임스 New York Times』는 1919년 8월 17일 자 "헐버트, 일본의 한국에서의 광란을 고발(Accuses Japanese of orgy in Korea)"이라는 제목의 기사에서 헐버트의 진술서 의회 제출 사실과 진술서의 내용을 상세하게 보도하였다.

이 진술서가 토대가 되어 1919년 10월 1일 미국 상원에서, 1919년 10월 24일 미국의 하원에서 한국 문제에 대한 결의안이 채택되었다.[207]

『대한 독립의 당위성』 단행본 기초

헐버트는 이승만이 주도하는 구미위원부에서 1930년 발간한 『대한 독립의 당위성 Korea Must Be Free』이라는 단행본의 초안을 작성하였다. 책의 내용은 일본의 만행을 규탄하고 한국의 독립을 요구하는 내용이었고 분량은 32쪽에 달했다.

---

207) 고정휴, 앞의 책, 376쪽

한인 자유 대회에서 독립 쟁취를 역설

이승만은 1942년 초 한국 독립에 깊은 관심을 둔 미국의 저명인사들과 함께 한미협회(The Korean-American Council)라는 대한민국 임시정부 승인 촉구 후원 단체를 조직했다. 헐버트는 한미협회에서 적극적으로 활동하며 미국에서 한국인들의 독립운동 활동을 크게 도왔다.

1942년에는 미국 워싱턴의 백악관 근처 라파옛(Lafayette) 호텔에서 한인 자유 대회가 열렸는데 헐버트는 '한국의 자유'(Korean Liberty)라는 제목으로 연설했다.

1944년 헐버트는 '한국 문제 연구소'(Korean Affairs Institute)에서 간행한 『한국의 소리 The Voice of Korea』라는 책자에 "한국의 문호 개방"(The Opening of Korea)이라는 글을 네 차례에 걸쳐 기고했다. 그는 미국 대통령이 고종황제의 청을 받아들이지 않아 동양의 역사가 바뀌었으며, 미국이 친일 정책을 썼기에 태평양 전쟁이 일어났다고 주장했다.[208]

헐버트의 미국에서의 독립운동은 1907년부터 1945년 해방이 될 때까지 흔들림 없이 계속되었다. 그는 시간, 장소, 그리고 나이까지도 초월해 가면서 항상 한민족과 함께 호흡하였다.[209]

---

208) 이광린, 앞의 글, 14쪽
209) 김동진, 앞의 책, 322쪽

그림 51 1942년 워싱턴에서 열린 한인 자유 대회에서의 헐버트와 이승만

"나는 웨스트민스터 사원보다 한국 땅에 묻히기를 원하노라"

 일본의 조선 병합으로 미국으로 돌아간 헐버트는 그동안 이승만이 주도한 한미협회에서 적극적으로 활동하며 재미 한국인들의 독립운동 활동을 크게 도왔다. 이승만과 헐버트의 인연은 일찍이 독립협회 시절로부터 해방 때까지 실로 반세기가 넘었다.

 1945년 한국이 해방되고 1948년에는 대한민국 정부가 수립되어 이승만이 초대 대통령이 되었다. 이승만 대통령은 새로운 정부가 출범하는 1948년 8월 15일 대통령 취임식에 헐버트가 참석하도록 초청했다. 그러나 헐버트는 투병 중인 부인의 병환이 깊어 한국에 올 수가 없었다. 그해 헐버트 부인은 사망하였다. 이승만 대통령은 1949년 광복절에 다시 그를 국빈으로 초청하였다.

헐버트가 한국으로 출발한다는 소식에 'AP 통신' 기자가 소회를 물었다. 헐버트의 대답은 담담하면서도 힘이 있었다. "나는 일찍부터 소원해왔소, 나는 웨스트민스터 사원보다 한국 땅에 묻히기를 원합니다."

대한민국 정부나 헐버트 자신에게도 여비 마련의 어려움이 있었기 때문에 미국 군용선을 이용하여 태평양을 건너 인천항에 도착하였다. 당시 헐버트의 나이는 86세였다. 헐버트는 경인가도를 거쳐 서울에 도착하였지만 노구에 지쳐 마음대로 육신을 움직일 수 없었다.

안타깝게도 퇴계로의 한 호텔에 여장을 제대로 풀지도 못한 채 청량리 위생 병원에 몸을 의탁했다. 헐버트가 위독하다는 소식에 이승만 대통령이 영부인과 함께 병원으로 달려왔다. 헐버트는 한평생을 통해 그토록 사랑했던 한국 땅에서 이 땅을 다시 찾은 환희의 미소를 머금으면서 1949년 8월 5일 눈을 감았다.

헐버트의 영결식은 외국인 최초의 사회장으로 1949년 8월 11일 대통령과 부통령을 비롯한 삼부요인, 그리고 사회단체 대표 등이 참석한 가운데 치러졌다. 영결식을 마치고 헐버트는 마포나루 한강 변 양화진 외국인 선교사 묘원에 안장되었다.

대한민국 정부는 서거 다음 해인 1950년 3월 1일 헐버트에게 건국 공로 훈장 태극장을 추서하였다. 이어서 2014년에는 한글 보전과 보급에 헌신한 공로로 대한민국 금관 문화훈장이 추서되었다.

묘비 옆에는 헐버트 박사 기념사업회가 세운 비석이 있다.

"한국보다 한국을 더 사랑했고 자신의 조국보다 한국을 위해 헌신했던 빅토리아풍의 신사 헐버트(Homer B. Hulbert) 박사 이곳에 잠들다."

에필로그

본문 중 언더우드 부부의 북한 오지 선교 일정 중 평안도 끝자락 초산(楚山)에서 의주까지 압록강의 급류를 타고 '바닥이 넓은 돛배' 여행을 하는 대목이 나온다.

압록강은 대하(大河)이다. 선교사 부부는 굽이굽이 강줄기를 3박 4일에 걸쳐 항해하여 마침내 조선 선교의 땅끝 의주에 도착할 수 있었다. 조선 오지 선교의 대망을 품고 압록강 줄기줄기를 훑어 내려가던 선교사 부부의 일정들은 한 편의 대하드라마이다.

당시 서양 선교사들에게 있어 조선은 기독교 선교의 땅끝이었다. 이 책에서 살펴보았듯이 이 땅끝을 향하여 언더우드, 아펜젤러, 스크랜턴 모자, 헐버트 이 다섯 분이 앞서거니 뒤서거니 조선에 왔다. 이 다섯 분은 조선(한국)에 와서 각자 할 일을 하였다. 앞의 네 분은 교회와 학교, 병원을 세웠고 다섯 번째 분 헐버트는 교회와 학교를 세운 것은 아니지만 조선을 가르쳤다. 가르침과 동시에 조선의 친구가 되어 주었다.

돌이켜 보면 저자의 빈약한 문장력으로 겨우 연결해 묶은 이 다섯 분의 선교사(교사)들 이야기만으로도 개화기 조선 선교는 한 편의 감동 드라마이다. 그러나 이 다섯 분의 이야기는 조선(대한민국)을 사랑하시는 하나님께서 조선을 위하여 마련하신 거대한 시나리오의 초입 부분일 뿐이었다.

하나님의 섭리 가운데 한국 선교는 그 후 최소 100년간 욥기의 말씀(8:7)대로 "네 시작은 미약하였으나 네 나중은 심히 창대"하게 되었다.

마침 초기 선교사들이 조선 선교를 시작할 무렵부터 미국에서는 세계선교를 위한 학생 자원 운동(Student Volunteer Movement)이 일어나 세계 여러 나라로의 선교 자원자가 속출하고 있었다. 그런데 이들 선교 자원자들은 가장 높은 비율로 조선을 지망하고 있었다.[210] 하나님이 그만큼 조선을 사랑하고 있다는 증거가 아니고 무엇이겠는가?

그래서 1890년대 1900년대로 이어지면서 주로 미국, 영국, 캐나다, 호주 등으로부터 선교사들이 내한하여 서울과 평양 부산 대구 등 대도시는 물론이요 중소의 도시들과 전국의 방방곡곡에서 복음을 전하고, 신교육(일반학교, 성경학교)을 펼치고, 가난한 사람들, 차별받는 약자들을 돌보고, 전염병 환자들과 불치병 환자들을 보호하고 치료하였다.

그리하여 1884년부터 해방 전까지 내한한 선교사는 1,529명이나 되었고 해방 후부터 1984년까지 내한한 선교사는 1,427명이나 되었다.[211]

현재에 이르러 코리아 사도행전의 대드라마는 완전히 제2막으로 넘어왔다. 이제 대한민국은 선교사를 받는 나라가 아니라 세계의 방방곡곡으로 선교사를 파송하는 나라가 되었다. 한국의 해외선교사 파송 수는 1979년 93명, 2000년 8,130명이었던 것이, 2017년에 들어서는 170개국에 걸쳐 27,435명이 되었다고 한다.[212]

이 책의 제호로 붙인 『코리아 사도행전』은 조선이라는 선교의 불모지

---

[210] 공병호, 『이름 없이 빛도 없이』, 공병호연구소, 2018, 111쪽
[211] 『내한선교사총람』, 한국기독교 역사연구소, 1994
[212] 공병호, 앞의 책, 424쪽

를 향하여 땅끝 전도를 펼쳐 왔던 사도들의 행전(행적)이다. 성경에도 없는, 한국을 '향한' 사도들의 행전(Apostles' Acts into Korea)인 셈이다. 오늘날 그 코리아 사도행전은 전혀 다른 국면의 행전으로 전개되고 있다. 이제로부터의 코리아 사도행전은 한국을 출발의 플랫폼으로 하여 세계로 나가는 행전, 즉 '한국으로부터의' 사도행전(Apostles' Acts from Korea)이 되었고 그 이야기의 완성을 위하여 한국의 교회들은 앞다투어 헌신하고 있는 것이다.

한국 사랑 지구촌 사랑에 다함이 없는 하나님의 원대한 계획 아래 전개되는 사도행전의 대드라마는 앞으로도 복음의 땅끝이 어디든 그곳을 향하여 계속 펼쳐질 것이라고 믿는다.